Antonio Petrin

Ser Ator

Antonio Petrin

Ser Ator

Orlando Margarido

imprensaoficial

São Paulo, 2010

GOVERNO DO ESTADO DE SÃO PAULO

Governador Alberto Goldman

imprensaoficial **Imprensa Oficial do Estado de São Paulo**

Diretor-presidente Hubert Alquéres

Coleção Aplauso

Coordenador Geral Rubens Ewald Filho

No Passado Está a História do Futuro

A Imprensa Oficial muito tem contribuído com a sociedade no papel que lhe cabe: a democratização de conhecimento por meio da leitura.

A Coleção Aplauso, lançada em 2004, é um exemplo bem-sucedido desse intento. Os temas nela abordados, como biografias de atores, diretores e dramaturgos, são garantia de que um fragmento da memória cultural do país será preservado. Por meio de conversas informais com jornalistas, a história dos artistas é transcrita em primeira pessoa, o que confere grande fluidez ao texto, conquistando mais e mais leitores.

Assim, muitas dessas figuras que tiveram importância fundamental para as artes cênicas brasileiras têm sido resgatadas do esquecimento. Mesmo o nome daqueles que já partiram são frequentemente evocados pela voz de seus companheiros de palco ou de seus biógrafos. Ou seja, nessas histórias que se cruzam, verdadeiros mitos são redescobertos e imortalizados.

E não só o público tem reconhecido a importância e a qualidade da Aplauso. Em 2008, a Coleção foi laureada com o mais importante prêmio da área editorial do Brasil: o Jabuti. Concedido pela Câmara Brasileira do Livro (CBL), a edição especial sobre Raul Cortez ganhou na categoria biografia.

Mas o que começou modestamente tomou vulto e novos temas passaram a integrar a Coleção ao longo desses anos. Hoje, a Aplauso inclui inúmeros outros temas correlatos como a história das pioneiras TVs brasileiras, companhias de dança, roteiros de filmes, peças de teatro e uma parte dedicada à música, com biografias de compositores, cantores, maestros, etc.

Para o final deste ano de 2010, está previsto o lançamento de 80 títulos, que se juntarão aos 220 já lançados até aqui. Destes, a maioria foi disponibilizada em acervo digital que pode ser acessado pela internet gratuitamente. Sem dúvida, essa ação constitui grande passo para difusão da nossa cultura entre estudantes, pesquisadores e leitores simplesmente interessados nas histórias.

Com tudo isso, a Coleção Aplauso passa a fazer parte ela própria de uma história na qual personagens ficcionais se misturam à daqueles que os criaram, e que por sua vez compõe algumas páginas de outra muito maior: a história do Brasil.

Boa leitura.

Alberto Goldman
Governador do Estado de São Paulo

Coleção Aplauso

O que lembro, tenho.
Guimarães Rosa

A *Coleção Aplauso*, concebida pela Imprensa Oficial, visa resgatar a memória da cultura nacional, biografando atores, atrizes e diretores que compõem a cena brasileira nas áreas de cinema, teatro e televisão. Foram selecionados escritores com largo currículo em jornalismo cultural para esse trabalho em que a história cênica e audiovisual brasileiras vem sendo reconstituída de maneira singular. Em entrevistas e encontros sucessivos estreita-se o contato entre biógrafos e biografados. Arquivos de documentos e imagens são pesquisados, e o universo que se reconstitui a partir do cotidiano e do fazer dessas personalidades permite reconstruir sua trajetória.

A decisão sobre o depoimento de cada um na primeira pessoa mantém o aspecto de tradição oral dos relatos, tornando o texto coloquial, como se o biografado falasse diretamente ao leitor.

Um aspecto importante da *Coleção* é que os resultados obtidos ultrapassam simples registros biográficos, revelando ao leitor facetas que também caracterizam o artista e seu ofício. Biógrafo e biografado se colocaram em reflexões que se estenderam sobre a formação intelectual e ideológica do artista, contextualizada na história brasileira.

São inúmeros os artistas a apontar o importante papel que tiveram os livros e a leitura em sua vida, deixando transparecer a firmeza do pensamento crítico ou denunciando preconceitos seculares que atrasaram e continuam atrasando nosso país. Muitos mostraram a importância para a sua formação terem atuado tanto no teatro quanto no cinema e na televisão, adquirindo, linguagens diferenciadas – analisando-as com suas particularidades.

Muitos títulos exploram o universo íntimo e psicológico do artista, revelando as circunstâncias que o conduziram à arte, como se abrigasse em si mesmo desde sempre, a complexidade dos personagens.

São livros que, além de atrair o grande público, interessarão igualmente aos estudiosos das artes cênicas, pois na *Coleção Aplauso* foi discutido o processo de criação que concerne ao teatro, ao cinema e à televisão. Foram abordadas a construção dos personagens, a análise, a história, a importância e a atualidade de alguns deles. Também foram examinados o relacionamento dos artistas com seus pares e diretores, os processos e as possibilidades de correção de erros no exercício do teatro e do cinema, a diferença entre esses veículos e a expressão de suas linguagens.

Se algum fator específico conduziu ao sucesso da *Coleção Aplauso* – e merece ser destacado –, é o interesse do leitor brasileiro em conhecer o percurso cultural de seu país.

À Imprensa Oficial e sua equipe coube reunir um bom time de jornalistas, organizar com eficácia a pesquisa documental e iconográfica e contar com a disposição e o empenho dos artistas, diretores, dramaturgos e roteiristas. Com a *Coleção* em curso, configurada e com identidade consolidada, constatamos que os sortilégios que envolvem palco, cenas, coxias, sets de filmagem, textos, imagens e palavras conjugados, e todos esses seres especiais – que neste universo transitam, transmutam e vivem – também nos tomaram e sensibilizaram.

É esse material cultural e de reflexão que pode ser agora compartilhado com os leitores de todo o Brasil.

Hubert Alquéres
Diretor-presidente
Imprensa Oficial do Estado de São Paulo

À minha mulher Rosinha, que sempre me incentivou e esteve ao meu lado nos momentos mais difíceis

Antonio Petrin

Hoje, sou um velho ator que vive peregrinando por histórias e personagens tentando trazer à vida real, ao momento presente, seres e coisas que se foram. E seres e coisas que ainda virão. Busco neles, talvez, parte do sentido que me falta e falta ao mundo. Sou um velho ator que dedica a esse tablado suas melhores horas porque acredita que a vida também corre no palco.

UM MERLIN, do Luis Alberto de Abreu

Introdução

Como para muitos brasileiros, a figura de Antonio Petrin me foi melhor delineada pelo seu personagem talvez mais célebre, o vilão Tenório, de *Pantanal,* no início dos anos 1990. Sua presença na novela gerou uma dupla surpresa, porque, já atuante como jornalista para um diário paulistano, eu havia feito a cobertura de lançamento, e o nome do ator não constava do elenco. Sabemos agora, por esse depoimento, que sua entrada no folhetim pantaneiro de Benedito Ruy Barbosa, dirigido por Jayme Monjardim e equipe, foi de supetão, como substituto de um colega. O outro fato inesperado se deu quando, pouco tempo depois, ao me transferir para um jornal da região do Grande ABC, vizinha a São Paulo, surgiu a oportunidade de entrevistar o intérprete. Petrin estava no auge do ibope com suas maldades na Rede Manchete. Morador de Santo André (o *A* do ABC) desde criança, ele merecia, portanto, uma entrevista ou um perfil, como se diz no jargão jornalístico.

E lá fomos, repórter e fotógrafo, bater à residência de classe média do bairro Parque das Nações, onde o ator e diretor havia vivenciado uma infância de brincadeiras de rua e, principalmente, o encontro com o teatro na paróquia local. Sempre simpático, mas cioso de que por trás da fama súbita e passageira da audiência televisiva existia uma longa carreira no palco a ser preservada, ele se mostrou reticente em comentar o sucesso na teledramaturgia. *Há um passado e um presente no teatro de que prefiro falar*, avisou logo de cara. Até então, eu havia visto talvez uma ou duas atuações dele no palco, em textos cômicos populares, seguramente em *Sigilo Bancário.* Mas na entrevista que se seguiu me aprofundei na sua história pessoal e na trajetória de um dos grupos mais influentes do teatro paulista, o andreense Grupo do Teatro da Cidade (GTC), do qual Petrin foi um dos fundadores sob os auspícios da professora Heleny Guariba.

Duas décadas depois, o profissional Petrin já é um velho conhecido de tantas peças e novelas. A ponto de eu propor uma longa conversa sobre sua vida e carreira e que ganha forma agora nesta publicação da Coleção Aplauso. No tempo decorrido de *Pantanal* para cá nos perdemos de vista, cada um seguindo seus caminhos profissionais. Mas em várias ocasiões pude revê-lo no palco e nas telas – inclusive do cinema, veículo no qual ele aumentou suas participações na medida em que a própria produção brasileira foi retomada.

Sua preferência, como se pode constatar no depoimento, é pelo teatro, universo em que se fez e para o qual até hoje reserva maior energia criativa. Sobre a televisão, acha o processo exigente, maçante e guarda uma mágoa a respeito do tratamento recebido pelas emissoras. Mas sabe que deve a alguns personagens, como o pai no seriado de sucesso *Malu Mulher,* o reconhecimento de uma determinada fatia de público. Quanto ao cinema, diz não entender muito bem como se processam as relações profissionais. Ao aceitar um convite, vai para o *set* e cumpre sua tarefa.

Talvez por isso, Petrin tenha escolhido para o livro o título direto e de duplo sentido *Ser ator,* que corresponde a sua ideia de aliar vocação ao trabalho dedicado e persistente, como um operário ao construir cuidadosamente seu objeto.

Foi com essa impressão que saí da última das seis reuniões que fizemos ao longo de quase um ano, enquanto ele fazia jornada dupla entre novela e um monólogo. Eram sempre encontros agradáveis, pontuados pelo chá das cinco que sua mulher Rosália, a Rosinha, também atriz e companheira de toda a vida, nos preparava. Curioso que no testemunho da atriz Sônia Guedes a este mesmo projeto, o ritual da bebida também está presente. Sônia é a grande parceira de trajetória artística de Petrin. Como ele, criou-se em Santo André, formou-se na Escola de Arte Dramática da USP e integrou o GTC com o marido Annibal

Guedes. Mais tarde, com outros dois amigos, a dupla de companheiros fundou a própria produtora teatral, a Proa. Depois do período do grupo andreense, fizeram juntos oito espetáculos, entre eles o antológico *Rasga Coração,* de Oduvaldo Vianna Filho. Também projetos de televisão, como *Malu Mulher,* minissérie renovadora na linguagem.

Assim como fala da afinidade com a atriz, Petrin relembra com respeito nomes influentes em sua formação, de Heleny Guariba e Paulo Pontes aos diretores Flávio Rangel e Celso Nunes. Mas é especialmente generoso e crítico com a nova geração de diretores que passou a procurá-lo na segunda metade dos anos 1990: nomes como Márcio Aurélio, Sérgio Ferrara e Marco Antônio Braz. Faz papéis variados no palco, diferentemente do cinema e da televisão, que, acredita, o estigmatiza às vezes como vilão – marca adquirida com *Pantanal* – às vezes na figura de um malandro, por exemplo. Nem sempre considerou suas escolhas acertadas e não raro se desentendeu com o diretor ou o tom por ele determinado em um espetáculo. Considera-se um profissional pouco flexível nesse embate e sempre procurou discutir suas discordâncias.

Isso, nos limites de um palco. No cotidiano, Petrin tem aquele apelo boa-praça que facilita a aproximação para se ouvir boas histórias. Nem de longe denota a falsa pretensão e a vaidade muitas vezes costumeiras da classe artística. Quem sabe pela origem humilde, pelo aprendizado paulatino de quem foi ressabiado para as aulas do doutor Alfredo Mesquita e seus colegas de referência no ensino teatral da EAD.

Desenhista por determinação inicial e sobrevivência, ele não tinha como certo o talento para a interpretação. Contribuíram para o caminho a prática do teatro amador e o apoio de Rosinha, que se manteve em empregos tradicionais enquanto o marido testava as oportunidades no palco. Era o período de algum aperto na família, que já contava com os dois filhos do casal, hoje uma dona de casa e um arquiteto residente na Dinamarca. Mas também de experiências enriquecedoras, a exemplo das aulas de Petrin no Serviço de Ensino Vocacional, experiência pioneira de educação surgida nos anos 1960. Embora nunca tenha se engajado politicamente de modo mais agressivo ou se vinculado a algum partido, realizava frequentes incursões com companheiros da classe a teatros, onde liam manifestos contra a repressão do período. Do passado, guarda apenas uma passagem que o aborrece até hoje: um acidente de um carro conduzido por ele e que matou um profissional amigo.

Descanso, férias, viagens, exceto uma ou outra determinada pelos reencontros familiares, nunca fizeram parte do *script* de sua trajetória. *Só sei trabalhar*, diz rindo. Como não transferiu sua vocação para os filhos, torce agora para que a neta e novata atriz Isadora dê continuidade ao gosto artístico da família. Ela segue o exemplo mais distante, vindo de Guilherme Petrin, pai do ator, que caminhava quilômetros para levar o filho a peças de teatro amador ou ouvir cantores líricos da Itália no rádio de uma tia já privilegiada pela luz elétrica. Mantêm-se, assim, dois vínculos familiares importantes: o da origem italiana dos avós emigrados e o da ascendência da arte sobre o clã.

Orlando Margarido

Capítulo I

Italianos, Graças a Deus

Falar de mim e de minha carreira como ator é também falar da minha família, dos meus antepassados. Eles me influenciaram e tenho que resgatar essa trajetória. Tudo começa com meus *nonos*, que chegam da Itália, da região de Pádua, nas levas de imigração para mão de obra cafeeira por volta de 1900. Eles se chamavam Guido Petrin e Judite Costa, por parte de pai, e José e Virginia Marcon, pelo lado materno. O Brasil, naquela época, tinha esse projeto de substituir a mão de obra escrava pelos imigrantes japoneses, italianos etc. Então meus avós paternos estabeleceram-se na região cafeeira de São Paulo, mais especificamente na cidade de Laranjal Paulista, primeiro como trabalhadores nas fazendas, depois adquirindo seu próprio sítio e dando início as suas plantações de café. Era uma típica família grande, patriarcal. Trabalhar na lavoura colaborava para o fortalecimento da família. Meu pai, Guilherme Petrin, cresceu nesse ambiente com mais cinco irmãos. Permaneceu ali mesmo, naquela região do interior, e casou com a minha mãe, Yolanda Marcon Petrin, também de família italiana emigrada. Ambos nasceram em Laranjal. Mas nesse período, quando adultos, o café já estava em decadência e a miséria tomou conta dos sitiantes, que não tinham outra lavoura para trabalhar a não ser aquela. Para piorar, minha mãe tinha sérios problemas de saúde, um tumor na cabeça. Meu pai, então, se desvencilha da família e vai para Santo André em 1940, atraído pela chance de emprego que aparecia com a industrialização no Grande ABC. Mas aí eu já existia.

Nasci em 20 de junho de 1938, em Laranjal. Meu irmão, Claudio, nasceu quase dois anos depois. Na região do ABC, nós fomos morar no Parque das Nações, um bairro sem luz elétrica, sem asfalto, numa casa pobre de aluguel. Era o início de tudo, início de uma civilização em Santo André, que ainda parecia um pouco o campo. Minha primeira memória dali é que havia um grande parque arborizado. A gente se divertia muito lá, eu e meu irmão. Foi uma infância simples, mas de muita farra, muito boa mesmo. Meu pai então começa a trabalhar nas indústrias locais, primeiro a Rhodia e depois a Pirelli, onde ficou até se aposentar. Quando estávamos um pouco maiores, minha mãe também começou a trabalhar para ajudar no orçamento. Esse foi um período apenas de sobrevivência, mas guardo uma lembrança feliz, de uma vida que hoje as crianças têm dificuldade em ter, ao tentar se divertir nos grandes centros. Lá tinha muita liberdade, embora fosse um bairro sem diversão. Tinha um cinema, o Cine Roxy, e a igreja, esta administrada pelos padres da Ordem Terceira Franciscana, vindos da Itália. Minha família era católica, principalmente minha avó materna, a grande beata do clã. Era natural então ir à igreja. Fui religioso até metade da minha adolescência. Depois me desiludi. Colegas meus desse momento acabaram tornando-se padres, foram para o seminário.

Familia Petrin

Capítulo II

Brincando nas Bordas do Teatro

Mas de qualquer modo nós nos divertíamos muito lá, em torno da igreja, era o núcleo aglutinador do bairro. Tinha também o time de futebol, como era normal em todos os bairros. Meu irmão já era mais ligado ao esporte, tanto que vai acabar optando por ser um jogador profissional. Eu também jogava, mas ficava mais em volta da igreja. Era um estilo de vida modesto, o daqueles religiosos, mas aos poucos a igreja foi sendo ampliada. Adquiriram um terreno, construíram um grande templo, ao mesmo tempo em que passaram a oferecer para a comunidade todo tipo de diversão, como jogos de salão, de futebol e também um teatrinho. A antiga igreja se tornou então um salão com um palco. Era o chamado salão paroquial. Ali tinha um projetor e eu assistia aos filmes do Chaplin. Também comecei a ver peças sobre vidas de santos e fiquei fascinado. Eu me lembro de uma senhora que queria fazer algumas pequenas montagens dessas ali, e a primeira peça que eu tenho na minha imaginação é de um personagem da igreja, Domingos Sávio, um garoto que talvez tenha sido beatificado. Tinha uma peça desse personagem e eu fiz com essa senhora, dona Cristina. Engraçado que eu me lembro muito dos ensaios, mas não das apresentações. Eu decorava o texto. Por muito tempo dizia para mim o texto do meu personagem, que era algum outro, não o Sávio. Acho que se passava num colégio, onde tinha o menino bonzinho e o menino mau, que talvez fosse eu. Lembro que tinha grande prazer em fazer essa peça, e a dona Cristina incentivava, pois ela achava pouco a gente fazer só aquilo.

Esse foi o primeiro sentimento de prazer de fazer uma peça. Durou apenas um tempo, pois o projeto acabou se diluindo, não permaneceria como uma perspectiva na minha cabeça. Ao menos eu não tenho essa lembrança daquela iniciativa ter me marcado, que a partir dali eu seria um ator. Até então era uma brincadeira, inspirada em outra. Lembro que quando eu e meu irmão éramos mais crianças havia um circo na cidade que fazia um drama circense chamado *Ferro em Brasa*, que para nossa surpresa era interpretado pelo palhaço. O sujeito era palhaço e mocinho ao mesmo tempo. Eu, meu irmão e os amigos, nós montamos um tablado no fundo de casa e fazíamos *Ferro em Brasa*, improvisando e cobrando palitos de fósforos para outros assistirem. Era pura diversão. Ainda nesse contexto, íamos à matinê do cinema, víamos os seriados lá. Como não tínhamos dinheiro, eu, meu irmão e o vizinho, nós intercalávamos as sessões de domingo. Quem ia depois contava o capítulo para o outro.

Por essa época, eu com uns 12, 13 anos, houve uma pequena evolução nessa parte do teatro da igreja. Havia um frei que começou a fazer umas comédias de costumes. Vinham também grupos amadores de fora. Era um salto. Eu me lembro também que meu pai me levava para ver peças amadoras num lugar bem distante. Íamos a pé, era fantástico. Meu pai tinha esse detalhe em seu comportamento, que eu achava maravilhoso num homem simples, semialfabetizado. Por exemplo, como não tínhamos luz, meu pai ia ouvir rádio na casa de uma tia que morava do outro lado do bairro, onde já havia energia elétrica. Ficava lá ouvindo tenores e barítonos que vinham da Itália e cantavam na rádio, como Gino Bechi, Beniamino Gigli... Era próprio dos italianos terem esse traço cultural mais forte, como gostar de música. Meus avôs já tinham isso.

Então eu comecei a fazer peças, essas comediazinhas de costumes, com amigos. Tinha um que se fazia de diretor, os outros eram atores, e assim por diante. Mas era difícil encontrar peças naquela época. Onde encontrar textos? Não tínhamos acesso fácil. Foi então que descobrimos um livro do Armando Gonzaga, que escrevia muitas peças para o Procópio Ferreira. Como eram comédias rápidas e esse pessoal da época do Procópio encenava muito, havia a necessidade de uma grande produção de textos. Daí um livro com vários deles. Nós, então, tínhamos essas peças como modelo e as encenávamos. Mas isso era uma num ano, outra no ano seguinte. Eu já tinha os meus quinze anos, por aí. Havia outra referência para nós também, o Nhô Totico, um personagem de rádio que dava uma aula e imitava vários personagens. Um amigo nosso tinha um jeito muito parecido com ele e fazia imitações, mudava a voz etc. Escrevíamos então os textos, que eram distribuídos entre nós, com as falas. Era um processo muito demorado. Mas até cobrávamos ingresso para as apresentações. Foi nessa turma de amigos que conheci a Rosália (a atriz Rosália Petrin), ou Rosinha, como é seu apelido e nome artístico, com quem estou casado até hoje. Ela era ligada também à igreja, era Filha de Maria e eu Congregado Mariano. Iríamos contracenar juntos mais tarde no teatro amador, por exemplo, em *Gente como a Gente,* dirigido pelo Ademar Guerra.

Um pouco mais tarde eu conheci um show de calouros no clube local que ficava lotado de gente domingo de manhã. Era como um programa de rádio, com concursos. Eu fui chamado para ler os comerciais, pois as lojas do bairro queriam patrocinar o programa. Pagavam uma merreca. Eu já estava com 18 anos e me dividia com o chamado tiro de guerra, embora não precisasse ir para o quartel. Então comecei a comparecer com o grupo de amigos do nosso teatro em um programa da Rádio Emissora do ABC. Mas meu pai queria que eu estudasse. Ele queria que eu fosse torneiro mecânico, mas eu não queria isso de jeito nenhum. Desde os 12, 13 anos, eu já trabalhava para ajudar a família, primeiro numa serralheria e depois numa pequena fábrica de lampiões a gás, que eu detestava.

Quando terminei o ginásio, fui para um curso técnico, profissionalizante, em vez de fazer o científico, como se dizia na época. Fiz matrícula na Escola Júlio de Mesquita, que ainda existe em Santo André. Ali descobri que eu tinha uma aptidão para desenho e fiz um curso especializado de desenho industrial. Esse é o trabalho que por muito tempo vai nortear minha vida. Na escola, eu tinha um colega que trabalhava em São Paulo, numa multinacional da área de serralheria, aço para janelas, cofres etc., a Fichet, e ele me chamou para substituí-lo. Começo, então, a trabalhar lá como desenhista e vou evoluindo na carreira. Era uma indústria de esquadrias que produzia inclusive para a construção de Brasília. Até cheguei a ir para lá, quando a obra ainda estava na fase da terraplanagem, nos anos de 1956, 1957.

Em algum momento desses anos também ocorre um fato que me lembro até hoje. Acho que foi a minha primeira visão do universo do teatro paulistano. Eu tinha um conhecido, um garoto que era alfaiate. Um dia ele chegou para mim dizendo que queria se matricular na Escola de Arte Dramática. *Ah, isso existe é?*, perguntei. Ele explicou que ficava em São Paulo e que teríamos que ir até lá para fazer a inscrição para o teste. Eu fui junto. Pegamos o trem em Santo André e depois o bonde que subia a Rua da Consolação. Naquela época, a EAD ainda era na rua Maranhão, em Higienópolis. Passamos pela frente do Teatro de Arena, todo iluminado. Então era ali, pensei eu, o mito de que ouvíamos falar, de maneira tão distante. Chegamos à EAD, uma casa escura, estranha. Até me desapontei e nem fiz a inscrição. Viemos embora. Por fim, meu amigo não passou no teste. E eu, nem sabia, mas ainda viria a ter uma grande relação com a escola.

Capítulo III

Esboça-se o Ator

Um pouco depois, viajando muito por causa do trabalho e já com 21 anos, eu me caso com minha mulher. Nos anos que se seguem, eu dou continuidade à carreira, e o teatro se torna uma coisa distante, não tenho mais nenhum tipo de contato. Só ia assistir a peças vez ou outra. Não podia mais brincar de teatro, eu tinha responsabilidades. Logo nasceram meus dois filhos. A Mônica, hoje uma dona de casa, nasceu em 1960 e o Marcos, arquiteto que mora na Dinamarca, três anos depois.

Mas é nesse momento que vai se dar a grande virada. Em Santo André, nesse período, havia a Sociedade de Cultura Artística de Santo André, a SCASA, um grupo já consolidado, com uma atividade teatral grande. Faziam parte dela, por exemplo, a Sônia Guedes e seu marido Anníbal Guedes. A SCASA montava comédias de costumes de muito sucesso. Era uma sociedade ligada à Secretaria de Cultura do município, que num certo momento convida o diretor Ademar Guerra, de São Paulo, para dirigir um espetáculo. Ele então abre um teste para o elenco da peça, que era *Gente como a Gente*, do Roberto

Freire. Eu li essa notícia no antigo *News Seller*, hoje *Diário do Grande ABC*, e decidi fazer esse teste com o Guerra. Nem me lembro como foi. Um teste como esse deveria ser marcante, mas não me lembro. Só sei que passei e fui fazer a peça. Como ainda faltava uma atriz, eu levei minha mulher para o elenco e contracenamos juntos. Isso já era na sede própria do SCASA, o Teatro de Alumínio, assim chamado por ser um galpão com um forro de folhas onduladas que lembrava o teatro da Nicette Bruno de mesmo nome em São Paulo. O Alumínio era uma referência de palco da região do ABC e até mesmo, mais tarde, em São Paulo.

A peça fez um sucesso extraordinário, principalmente para nós, os atores. No elenco estava ainda o Antonio Chiarelli, a Analy Alvarez e o Alexandre Dressler, entre outros. Lembro que o cenógrafo era o Luiz Sacilotto, também de Santo André, já um grande artista plástico geométrico na época e que era um desenhista como eu na Fichet. Ficamos muito amigos. O espetáculo era muito diferente do que o SCASA costumava fazer graças à visão do Guerra, que não adotava mais aquela ideia tradicional do *teatro das três paredes*, como se define o teatro clássico. Era corajoso também fazer isso naquele momento, em 1964, pois já havia os problemas políticos, a ditadura militar. O SCASA foi a primeira mudança significativa para mim.

A outra viria em função disso. Os Guedes não faziam parte do elenco de *Gente como a Gente*, pois já estavam na Escola de Arte Dramática da USP e não puderam participar. Foi aí que o Guerra sugeriu de irmos, nós do elenco da peça, também cursar a EAD para nos aprimorarmos. Eu era desenhista e a princípio não tinha intenção de me tornar ator profissional. Mas uma parte da turma foi e eu também me inscrevi, não custava nada. Fomos eu, Analy e o Dressler, do grupo, e juntou-se a nós o José Bonifácio, um garoto de São Caetano. Veio ainda a Dilma de Melo, que era do grupo amador Regina Pacis. Na época, a EAD estava onde hoje é o prédio da Pinacoteca do Estado. Era um teste complicado, ainda que 300 candidatos disputassem 30 vagas, quando hoje são mais de mil para 20 vagas. Havia avaliação de português, redação, conhecimentos gerais, exame prático de mímica, um texto que deveria ser preparado pelo aluno e outro que lhe davam na hora. Se você levasse um drama, lá receberia uma comédia.

Nesse período, eu já havia terminado a montagem de *Gente como a Gente* e estávamos encenando em Santo André *Eles Não Usam Black-Tie*, do (Gianfrancesco) Guarnieri, com direção do

Annibal Guedes. Eu fazia o Otávio, o pai, e o Annibal fazia o filho traidor. Então aproveitei e levei esse texto pronto para o teste da EAD e o Annibal me ajudou. Lá me deram um texto de (Alfred de) Musset e a réplica era do (ator) Paulo Villaça, que estava lá por acaso, e o doutor Alfredo Mesquita, o fundador da EAD, o chamou para contracenar comigo. Eu me lembro que quem estava na banca eram o próprio doutor Alfredo, a Leila Coury, professora de mitologia, o Paulo Mendonça, ator, professor e crítico, além do crítico Clóvis Garcia, entre outros. O Villaça foi ótimo, me deu dicas e eu, para minha surpresa, ingressei no curso. Para você ver como eu não tinha grandes ambições com aquilo, o doutor Alfredo, na entrevista que definia quem ia ou não ser admitido, me perguntou: *Você quer ser um ator profissional?* Eu respondi que era um desenhista, que não tinha a menor intenção de me tornar ator e pretendia entrar na escola por diletantismo, para aprender um pouco mais e continuar fazendo meu teatro amador lá em Santo André. E ele me aprovou. Mais tarde, essa turma do grupo, junto com os Guedes, passou a ser chamada de *trator de Santo André*, tamanho o impacto que causamos ao chegar à escola.

Capítulo IV

A Vocação Reconhecida

Assim entrei na EAD, dizendo que aquilo não me interessava. Mas isso até o momento em que botei meus pés lá e encontrei um ambiente mágico, fascinante. Achava que ali todo mundo era entendido em teatro. Eu me sentia muito deslocado porque não sabia nada, não tinha estudado como muitos alunos ali, pois sempre tive de trabalhar. Havia feito um colégio profissionalizante que trocava a formação humanista pela técnica... Lembro de ter aulas de mímica e a professora dizer que eu era muito prolixo, que não era sintético. Fui até perguntar para um colega o que queria dizer prolixo, imagine...

Aí começou uma vida de sacrifício. Achei que era brincadeira, que na EAD íamos brincar de teatro. Não tinha ideia de como era sério, rigoroso o trabalho ali. Tanto que de 30 alunos da minha turma em três anos formaram-se apenas doze. Quando entramos na escola, a turma que se formou terminou com apenas quatro alunos, o (diretor) Celso Nunes entre eles. Era um cotidiano sacrificado. Eu saía do meu bairro em Santo André, o mesmo Parque das Nações, de ônibus até a estação, pegava o trem e ia para a Barra

Funda, onde estava trabalhando. Às cinco da tarde tomava o trem de novo para estar na escola, ali na Luz, antes das 18h a tempo de tomar a famosa sopa que o doutor Alfredo oferecia aos alunos. Era a refeição do dia para muita gente. As aulas terminavam às onze da noite e eu corria para pegar o último trem para Santo André.

Durante esses três anos, eu pensava muito em desistir. Não só pelo sacrifício diário, mas pelo curso puxado também. A aula de técnica vocal com a Maria José de Carvalho me matava, era uma grande professora, mas que desprezava muito os alunos. Mas persisti. No segundo ano fui ensaiar com (o diretor) Antunes Filho a peça escolhida para a turma que havia se formado no ano anterior. Ele montou *A Falecida*, do Nelson Rodrigues, e nós tínhamos os papéis menores. Os papéis principais ficavam com os alunos do terceiro ano. Lembro que o Celso Nunes fazia o dono da funerária, o Jesus Padilha era o Tuninho, o marido, e a cartomante era a Neusa Chantal, que se revezava no papel da Zulmira, a protagonista, com a Sônia Guedes. Eu fazia o doutor Borborema. Lembro da fala *diga 33*, que o Antunes me infernizava para fazer do jeito dele. Levou uma noite inteira para eu conseguir o que ele queria. *Eu quero um médico esculhambado, não aquele que você consulta normalmente, mas daquele jeito como lá no Rio de Janeiro*, ele dizia.

A peça foi apresentada no Teatro Leopoldo Fróes, na rua General Jardim, onde hoje tem a praça. O teatro lotou e a plateia urrava com o espetáculo. Era uma nova sacada do Antunes em termos de encenação do Nelson Rodrigues. Foi ali que ele experimentou o *Macunaíma*. Ele fez um laboratório conosco e depois usou tudo lá. Eu fiquei assustado quando vi *Macunaíma*, tinha muita coisa parecida com *A Falecida*. Aquilo mudou o jeito de Antunes fazer peça até então.

Ainda no primeiro ano da EAD eu tinha aula com a Leila Coury sobre mitologia grega. Estudávamos a *Ilíada*, folheando página por página, e eu não entendia nada. Eu não tinha uma base cultural como outros colegas, minha formação era toda industrial e meus colegas vinham do ensino clássico. Eles tinham uma formação melhor. Além disso, eu estava cansado, sempre queria dormir nas aulas. Mas a Leila me ajudava. Ela dizia: *você precisa ser ator, deixa para conhecer a mitologia depois*. Nossos professores eram ótimos, o Anatol Rosenfeld – imagine estudar estética com ele! – o Sábato Magaldi, e mesmo o Paulo Mendonça que odiava (o dramaturgo alemão Bertold) Brecht, e naquela época Brecht era o ídolo, era tudo para nós. Lembro da biblioteca fantástica da EAD, onde eu estava sempre lendo os autores, como Martins Pena, as críticas e as peças. Nos fins de semana ensaiávamos. Era um período muito produtivo na escola, e não somente pelos estudos. Estávamos já no momento da ditadura, as peças sendo tiradas de cartaz, e eu ali, com meu trabalho de desenhista, um alienado. De repente, me descobri como cidadão que participava da vida brasileira. Eu era chamado para participar de reuniões, de movimentos, e o trabalho ia aos poucos me aborrecendo. Na empresa, eu era, por força do ofício, muito ligado à direção. E o dono da empresa, que fabricava material para Brasília, era o Sebastião Paes de Almeida, o ministro da Fazenda do Juscelino Kubitschek. Havia muita fraude nas concorrências daquela época como agora, e o trabalho, nesse ambiente, me incomodava. Vivia a poesia de um lado, o dinheiro do outro.

Mas meu santo forte e o incentivo da minha mulher fazem com que eu chegue ao fim da EAD. Nesse período, numa aula com Sábato Magaldi sobre teatro brasileiro, começamos a estudar Jorge Andrade, que eu adorava desde o período do teatro amador do ABC. Eu havia visto algumas peças dele, inclusive a grande montagem de Antunes Filho para *Vereda da Salvação,* o último espetáculo importante do

Teatro Brasileiro de Comédia, o TBC. Eu então estudei muito toda a obra do Andrade nesse semestre com o Sábato. Gostava do lado rural, da família do interior, como em *A Moratória.* A minha família tinha praticamente vivido aquilo. Acabou que fui brilhante nesse estudo. Ao final do curso, o Andrade veio discutir com o grupo de alunos e me elegeram o advogado do diabo para debater nessa aula final. Quando o encontro termina, o Jorge me convida para um trabalho. Na época, ele era orientador da área de teatro do Serviço de Ensino Vocacional, uma iniciativa de educação pioneira e revolucionária nos colégios vocacionais, surgida nos anos 1960. Estavam precisando de um professor para dar aula lá, mas como eu nunca tinha dado aula, esqueci daquele convite, não me interessei.

Ao mesmo tempo eu estava mal na empresa. Havia uma política de interferência muito grande no trabalho e eu decidi procurar o Jorge, ouvir a proposta. Era um novo estilo de iniciativa educacional que se estava fazendo no Brasil, no qual o aluno passava o dia inteiro na escola, criava suas aulas num método novo, saía pelo bairro, conhecia situações e pessoas e trazia experiências para as aulas. Nesse contexto, o teatro era usado como técnica para aprender, não para se descobrir um ator. Eu, enfim, aceitei. Fiz um curso preparatório de três meses e fui designado para São Caetano, onde estavam abrindo uma unidade do Ensino Vocacional. O salário era melhor e, afinal, era uma nova experiência. Então larguei o trabalho com desenho, sentia que tinha acabado essa fase, e fui dar aula. Essa foi uma mudança radical que veio se encontrar com outra nova experiência.

Ensaio de Guerra do Cansa Cavalo (EAD)

Capítulo V

Um Encontro Marcante: O GTC

Ainda na época da EAD, nós conhecemos a Heleny Guariba. Era uma professora do curso de dramaturgia, pois na época a escola dividia o ensino em três áreas, além de interpretação e cenografia. Hoje é só interpretação. Heleny tinha acabado de chegar da França, onde havia feito estágio com o diretor Roger Planchon, responsável pelo Theatre de la Cité, ou Teatro da Cidade, mais tarde o Teatro Nacional Popular. Ela queria reproduzir aqui a experiência do teatro descentralizado de Planchon, que ele realizava bem longe de Paris, num subúrbio da cidade de Lyon. Heleny então é alertada pela Maria Thereza Vargas (pesquisadora e chefe da secretaria da escola), de que havia na EAD um grupo de Santo André que fazia teatro no ABC, numa situação semelhante ao que acontecia na França. Heleny se aproxima da gente e faz a proposta de repetir a experiência em Santo André. Mas nós, estudantes prestes a nos formar, que condições tínhamos para isso? Heleny começa, então, a dar as diretrizes para nós, como a de procurar a Secretaria de Educação e Cultura local, onde, por sorte, encontramos na direção um senhor chamado Miller de Paiva (e Silva). Ele se entusiasma e aceita ir ao prefeito para oferecer o projeto da Heleny e conseguir apoio. Quando o projeto se mostra viável, nem todos de Santo André que estavam na EAD quiseram entrar no grupo. Achavam que não tinham chegado até ali para então voltar para o ABC. Mas a maioria topou a parada.

Ficamos então esperando a proposta de texto dela para uma montagem. Imagine a expectativa que esse projeto criou. Queríamos uma grande peça, um grande personagem, pois a questão do teatro social que a Heleny pregava não era a nossa primeira preocupação... Esperávamos uma estreia suntuosa. Mas a Heleny veio com *Jorge Dandin,* de Moliére, e nós nos surpreendemos, ficamos decepcionados. *O quê?!* perguntávamos, *essa é a terceira peça no rol das principais do Molière. Como começar com ela?!* Achamos um absurdo. Heleny era uma mulher fantástica, parecia uma menina frágil, delicada, pequena. Ela então nos acalmou e nos disse como iríamos fazer esse espetáculo. Começamos a ensaiar, eu, Sônia Guedes, Annibal Guedes, Sylvia Borges, e uma curiosidade: a Sônia Braga, que estreou nessa peça. E isso tudo acontece ao mesmo tempo em que estou no Vocacional, levando a minha vida. É um período produtivo, no qual começo a me enriquecer ensinando teatro para adolescentes, ensaiando a grande primeira peça e já ganhando alguma coisa como ajuda de custo.

E foi uma surpresa para nós atores quando *Dandin* estreou em maio de 1968 e tornou-se um grande sucesso de público e de crítica. Eu, aquele que não queria ser ator profissional, estou numa peça de sucesso. Nós nos apresentávamos naquele mesmo Teatro de Alumínio do SCASA, que se tornaria uma espécie de sede informal do grupo. Um trabalho coletivo exemplar, com cenografia do Flávio Império, que era algo fabuloso, feita de tablados um acima do outro, representando os diversos níveis sociais dos personagens. A produção era do Ulisses Guariba, marido de Heleny e um professor de Filosofia da USP que foi muito importante também para nós. Tudo era conceitual na peça. Aquela comediazinha simples tão típica de Molière se transforma num painel social de importância, pertinente ao momento político em que se vivia no País, a partir da decadência aristocrática, da ascensão da burguesia, do povo debaixo de tudo tentando melhorar de vida, se aburguesar também. Era um painel muito claro, com o Jorge Dandin, que eu interpretava, como o símbolo desse burguês que tenta ascender. Assim, o teatro, além de bonito, ganhava uma função de discussão. Uma crítica do Paulo Mendonça na época dizia que até Mo-

Em Jorge Dandin, *com Sonia Braga*

lière colaborava, sugerindo que se encontrava no texto dele os elementos desse painel histórico atual. Com esse reconhecimento todo começava oficialmente o Grupo Teatro da Cidade, que viria a ser referência na região e em São Paulo.

Nesse mesmo período, no Vocacional, onde só havia professores com uma nova mentalidade, nós começamos a agitar muito a secretaria de educação, em São Paulo. Nós lideramos muitas passeatas, vamos às ruas contra o tipo de ensino que se faz no País, contra esse estado imposto pela ditadura militar e nos unimos a estudantes. Nunca me esqueço daquela famosa passeata em que José Dirceu sobe num carro na Avenida São João e faz um discurso, e nós com bolas de gude na mão, jogando para os cavalos da polícia caírem. Isso começa a fazer parte da minha vida como cidadão, vida completamente diferente de três, quatro anos antes. Uma guinada em pouco tempo na minha vida que foi muito enriquecedora. É um momento de se afirmar como profissional, como cidadão. Tudo acontece ao mesmo tempo.

A escola é então fechada pelo governo por causa dessas passeatas das quais participávamos. Somos demitidos do Ensino Vocacional e meu ganha-pão acaba. Eu só tinha o teatro, então. Não conseguiria voltar a desenhar. Até poderia, mesmo porque durante apenas um ano eu não tinha perdido a habilidade. Mas não queria mais isso. Conversei com a minha mulher, que além de continuar atuando também se empregou em trabalhos como o de telefonista. Propus que eu tentasse a carreira de ator por apenas um ano, enquanto ela trabalhava. Ela topou. Ela pagaria as contas com seu emprego e eu continuaria minha carreira.

Logo esse passo se mostrou acertado. A montagem de *Dandin* deu frutos e desenvolvemos outras peças. O grupo se fortalece, cria um repertório. Mas nesse meio tempo perdemos Heleny Guariba. Ao final de um ano, em 1969, ela é presa. Sabíamos que era atuante politicamente, mas não até que ponto ia sua atuação. O fato é que de repente ficamos sem sua orientação e isso complica porque o projeto era dela. Logo depois de *Dandin,* houve algumas iniciativas ainda com Heleny, como a de adaptar *Rocco e seus Irmãos* (1960) ao industrial ABC, aproveitando a semelhança da história do filme de (Luchino) Visconti com a dos operários que vinham tentar a sorte na região e se degradam. Cheguei até a conversar com alguns operários, conhecer o cotidiano de alguns deles que eram atletas da Pirelli, o que serviria como a função que o boxe tem no filme. Mas o projeto se mostrou inviável, assim como outros. Um Brecht, por exemplo, *A Ópera dos Três Vinténs,* que também não foi montado. A intenção de Heleny era revisar os clássicos, através de uma abordagem moderna, com discussão social. Isso nós entendíamos na teoria, mas na prática era outra história. O grupo, no entanto, tenta sobreviver e continuar com peças. Mas sem Heleny, o que fazer?

Capítulo VI

Acidentes de Percurso

O grupo fica órfão e com esse vazio deixado pela Heleny era natural que eu assumisse. Eu tinha um pouco já essa liderança, não sei se por causa da minha personalidade, do que eu representava na formação e na trajetória do GTC. Nesse período, o Annibal Guedes, marido da Sônia e ator também, com liderança marcante, morre. Eu e a Sônia, então, ficamos à frente do grupo, administrando, dando sentido a ele. Naquelas circunstâncias não tínhamos dinheiro para pagar um diretor. Nosso maior patrimônio, o primeiro equipamento, imagine, era um gravador. Então ficou decidido que era melhor eu fazer a direção. Junto com o José Armando (Pereira da Silva, administrador do grupo e pesquisador teatral), sugeri montar *O Noviço,* de Martins Pena. Mas nem todos do grupo gostaram da ideia e muitos decidem sair, inclusive a Sônia Braga, que já alimentava a intenção de ser uma estrela. Porque acontecia muito isso, as pessoas já haviam passado pela transformação do sucesso e torceram o nariz para a possibilidade de continuar ali, com um projeto menor como *O Noviço.* Tanto assim que eu tive que montar um elenco quase completamente novo para a peça. Permaneceram alguns atores do GTC, a Luzia Carmela, o Osley Delamo.

Só que a montagem fez sucesso, não como discussão ideológica, mas como espetáculo de teatro em que se ganha dinheiro, que tem retorno. Era uma peça para estudantes, essa era a intenção. A temporada aconteceu no Teatro Santos Dumont, em São Caetano. Nesse mesmo período, inclusive, eu começo a dar aulas na Fundação das Artes, também em São Caetano. Eu havia feito um curso de criatividade ligada ao ensino com o (diretor) Ilo Krugli e aplicava essa ideia aos alunos. Foi uma experiência ótima essa na Fundação, de onde saíram atores como Zé Carlos Machado, Cássia Kiss, Marcos Frota, e diretores como Ulysses Cruz. Ali realizávamos montagens, inclusive com operários da região do ABC. Além disso, eu orientava também adolescentes na área teatral num colégio judaico de São Paulo, o I. L. Peretz. Enfim, foi uma porta que se abriu com a experiência no Vocacional.

Mas nem tudo que ocorreu nesse período foi bom. No final de 1969, acontece uma tragédia que sacudiu a minha vida. Eu sofri um acidente de carro sério, justamente quando estava cuidando de um espetáculo com a turma de alunos do Peretz. Eu já havia dado um curso lá no ano anterior e a conclusão do trabalho era a montagem de uma peça. A primeira foi *Somos Todos do Jardim da Infância,* do Domingos de Oliveira, e naquele ano era *Ponto de Partida,* realizado a partir de textos dos próprios alunos. A montagem seria no Teatro da Hebraica e um dia antes da estreia eu fui buscar, com um Fusca que tinha na época, um iluminador que havíamos contratado especialmente para cuidar dessa parte. Era o Manuel, profissional fixo do Teatro Aliança Francesa. Ele morava lá pelos lados da Vila Mariana e quando estávamos indo para a Hebraica, ali na marginal, um ônibus me abalroa ao atravessar a rua Domingos de Moraes. Eu fiquei muito machucado, mas o Manuel infelizmente morreu. Foi um fato trágico, daqueles que permanecem para sempre na memória. Para piorar, o irmão dele me processou, alegando que eu estava alcoolizado, o que era mentira. Depois fui absolvido, mas foi um processo muito desagradável.

Eu levei mais de seis meses para me recuperar. Lembro-me lembro da visita no hospital, dos alunos e de colegas como o Claudio Corrêa e Castro e o Zanoni Ferrite, que mais tarde morreria num acidente de carro. A batida me deixou algumas sequelas, marcas pelo corpo, e uma cicatriz na sobrancelha, que ainda tenho. Acabei não vendo o espetáculo dos alunos do Peretz.

Desse momento guardo apenas uma boa lembrança, uma relação de amizade, de mestre e pupilo, que tenho até hoje com o Júlio Fischer, autor da Rede Globo. Ele era aluno e filho de uma professora do Peretz naquele ano do *Ponto de Partida,* mas não havia participado do curso porque ficou doente. Um dia ele me aparece e diz que quer de qualquer maneira participar do espetáculo. Era difícil, mas ele insistiu, e pedi para ele um monólogo básico. Ele escreveria o texto na forma de uma carta endereçada a alguém ou recebida de alguém. Ele fez isso, só que era um texto que questionava a tradição de judeus só se casarem com judeus. Era uma postura forte, e a direção da escola não queria deixar ele se apresentar. Eu me neguei a censurar e disse à escola que fizesse se assim bem entendesse. Como tive que tratar da montagem do espetáculo, não acompanhei mais o problema. E aí veio o acidente... e até hoje não sei o que deu. Só sei que desde então o Júlio sempre esteve presente em minha vida, indo aos meus espetáculos. Ele ficou muito amigo de Bibi Ferreira, inclusive. Deu para ela de presente um desenho de história em quadrinhos com todo o espetáculo *O Homem de La Mancha,* de que vou falar. Ele sempre me manda bilhetes e e-mails me tratando de mestre. Esse reconhecimento é sempre muito bom.

Capítulo VII

Novas Diretrizes para Tempos Políticos

Em seguida a *O Noviço*, a prefeitura de Santo André decide inaugurar um teatro de bairro, o Conchita de Moraes, e o secretário me pede uma peça que fale sobre Santo André. Montamos, então, *Cidade Assassinada,* do Antônio Callado, também dirigida por mim, sobre o fundador da cidade, o João Ramalho. Fizemos ainda nesse período, com a saída brusca da Heleny, *O Barbeiro de Sevilha,* de Beaumarchais, e também um infantil, *Pop, Garota Legal.* O primeiro foi realizado já em um novo teatro que a prefeitura nos cedeu em comodato, o antigo Cine Santo André, então adaptado para isso. O Teatro de Alumínio havia sido derrubado para a passagem de uma nova avenida. Nessa época, havia também uma expectativa em relação à inauguração do Teatro Municipal de Santo André, que foi muitas vezes adiada. A abertura só viria em 1971 com *A Guerra do Cansa Cavalo.* Esse novo palco maravilhoso, que está lá até hoje, é simbólico não só como espaço para o grupo, mas também da fase que se abre, pois a turma já não é mais a mesma.

Aqui se faz necessário um balanço. Quando houve o convite da Heleny na EAD, ninguém queria sair da escola e ser parte de um novo grupo, ainda mais em Santo André. Todo mundo queria sair e ser contratado pelo Arena, pelo TBC, pelo Oficina, pelo Nydia Licia. De repente surge uma mulher que ninguém sabe direito quem é e propõe um novo grupo de teatro. Mas nós fomos lá para conhecer a proposta dela e aceitamos. Agora, verdade seja dita, o GTC não seguiu depois o propósito para o qual foi criado, não mesmo. Qualquer crítica que se faça nesse sentido é pertinente, mas também é necessário entender quem éramos nós, os alunos. Não estávamos preparados para fazer uma revolução. A Heleny, sim, estava. Tanto é que ela continuou,

fez a política dela, do seu jeito, e foi assim até seu desaparecimento.

Esse balanço, claro, só foi possível depois que acabou. Se tivéssemos outro tipo de formação, se fôssemos mais preparados, aquelas ideias da Heleny poderiam ter frutificado. O grupo, em sua continuidade, fez sim espetáculos para quem jamais poderia ir ao teatro, como era a proposta. Mas nós não fizemos espetáculos para aquelas necessidades primeiras, políticas. Houve até um grande momento em que o GTC tentou isso, com a peça *Heroica Pancada*, sobre a Revolução de 1932, já na etapa final do grupo, em 1974. Aquilo seria um exemplo de plena consciência histórica e política, ali daríamos um recado. Mas não pudemos dar, porque a censura nos proibiu. A tentativa foi consequência de um período em que começamos a viajar, a ter contatos, a adquirir consciência política, e claro que o grupo ganha aos poucos com isso. Isso, se pudesse continuar, continuaria.

Para mim esse pensamento é muito presente quando relembro *A Guerra do Cansa Cavalo.* Finalmente havia se decidido montar a peça do Osman Lins para a inauguração do Teatro Municipal de Santo André. Com a participação direta da Secretaria de Cultura tínhamos dinheiro e boas condições para um grande espetáculo. Desde o início, queríamos para esse momento um texto brasileiro e uma montagem que reunisse os atores que faziam parte da história do grupo, mas também chamar atenção fora da região do ABC. Então convidamos o Celso Nunes para dirigir, que tinha acabado de chegar de um estágio na França. Também chamamos o Cláudio Correia e Castro para atuar. O que importava ali era inaugurar o teatro em grande estilo, tanto que todos os atores ajudaram na montagem, na parte técnica, na luz etc. Foi um sucesso. A plateia delirava com aquela história forte de uma família nordestina. Mas houve também uma polêmica boa com parte da imprensa, que falou da avalanche de tiros em cena. Não foi uma noite de *finesse* que se esperava numa inauguração. O fato é que, como dizíamos, nós fizemos a pólvora cheirar no palco do Municipal.

Mas a minha maior surpresa na estreia foi a presença de Heleny Guariba. Ninguém sabia que ela havia sido solta. Ela chega e no final do espetáculo me puxa para dar a maior bronca, passar o maior sabão, me cobrar como o líder que havia deixado montarem aquilo, que não tinha nada a ver com a proposta do grupo. Ela detestou e eu me senti muito culpado. Mas fazer o quê? A ausência dela nos deixou muito desnorteados.

Seguimos em frente, sem a Heleny. Em 1971, eu ainda fiz com o grupo *Mirandolina,* de Goldoni, dirigido pelo Emílio di Biasi, que também foi convidado. Esse hábito de convidar um diretor é um fenômeno que acontece somente nesse período, não se incorpora ao grupo. No ano seguinte, o Lafayette Galvão (autor, ator e diretor) vem com a ideia de montar seu texto *Aleijadinho, Aqui Agora.* Era um espetáculo de cunho político, pois colocava o personagem dentro da Inconfidência Mineira. Se era um fato real ou não, não importava. Naquele momento, em 1972, o importante eram as posições políticas, estar sintonizado de alguma maneira com a época de repressão. Foi um momento significativo também para o grupo, com apresentações marcantes no Festival de Inverno de Ouro Preto. Na verdade, eu ainda não sabia que a partir dali eu começaria a me desligar como um membro fixo do grupo, quando surgiu a oportunidade que seria uma nova guinada na minha carreira.

Em Aleijadinho, Aqui e Agora, *com Sonia Guedes*

Em Homem de La Mancha, *com Bibi Ferreira*

Capítulo VIII

A Ruptura: Do GTC para a Mancha

Numa das folgas da temporada de *Aleijadinho*, eu fui assistir à peça *A Capital Federal,* dirigida pelo Flávio Rangel. Ao final do espetáculo, para minha surpresa, ele veio conversar comigo e me convidou para o elenco de *O Homem de La Mancha.* Aceitei na hora, claro, sem nem ler o texto. Foi a primeira peça importante que fiz fora do GTC, já em São Paulo. Ao mesmo tempo, esse momento representou outro processo de amadurecimento para o GTC. O grupo precisava se fortalecer, andar pelas próprias pernas, os atores tinham que assumir a liderança entre eles. Por isso a necessidade de eu me afastar. Eu também achava que já tinha cumprido meu papel ali e estava decidido a experimentar coisas novas. Isso começou a acontecer, sem eu me dar conta, no mesmo ano em que dirijo *O Noviço* e recebo um convite do Augusto Boal (autor e diretor) para uma peça dirigida por ele no Teatro de Arena, em São Paulo. Ele já tinha me visto atuar, era muito ligado à Heleny. Só que Boal também é preso e para assumir seu lugar na direção chega o Luiz Carlos Maciel. A peça era um texto argentino que aqui se chamou *Que É que Nós Vamos Fazer Esta Noite,* sobre uma família burguesa de classe média que se reúne para o jantar e ouve gritos no apartamento ao lado, de um jovem na rua, um pouco a ideia dos Mutantes na sala de jantar, como na música. No elenco estavam o Rolando Boldrin, a Lilian Lemmertz e o Abraão Farc. Fiz ainda nesse período o *Auto da Compadecida* (texto de Ariano Suassuna) às tardes, para estudantes. Embora o Arena naquele momento não contasse com uma administração sólida, assumida um pouco pelo Luis Carlos Arutin na ausência de Boal, foi uma experiência maravilhosa passar por lá. Afinal, tudo era currículo, enquanto eu mantinha os vínculos com o GTC.

Ainda em 1970, fui fazer com o Roberto Vignati *Pena que Ela Seja uma P...,* uma adaptação do texto do dramaturgo inglês John Ford. É um espetáculo de triste lembrança para mim, nem gosto de lembrar, um grande fracasso. Mas isso sempre acontece na carreira de um ator, embora a minha tenha tido poucas experiências como essa. Nesse ano mesmo, eu fui convidado também pelo Ademar Guerra, que eu viria a encontrar reencontrar depois da experiência no teatro amador, para participar de *Tom Paine*, sobre a revolução americana, um musical com Othon Bastos, Myriam Muniz e Chico de Assis. Também conheci ali a Marika Gidali, depois fundadora do Balé Stagium, que começava naquele momento uma parceria de grandes espetáculos com Guerra. O interessante nessa montagem de *Paine* é que o Guerra não passou o texto para nós lermos. Era um novo formato, um modelo original que ele queria trazer. Nós ficamos um longo período discutindo sobre a revolução americana e seus paralelos com a francesa e a Inconfidência Mineira. Só que a peça não aconteceu e não nos pagaram. Eu me lembro até hoje do Elias Gleiser ir a minha casa – eu tinha acabado de ser operado – e me dar um dinheiro. Ele havia vendido os refletores do teatro e conseguido nosso pagamento.

Depois de *Aleijadinho,* eu ainda participei com o GTC da escolha da peça seguinte, que foi *O Evangelho Segundo Zebedeu,* do César Vieira, dirigido pelo Silnei Siqueira e com Antônio Fagundes como ator convidado. Era uma adaptação musical da guerra de Canudos, portanto também com forte acento político. Foi outro sucesso, que eu acompanhei de longe. Só mais tarde eu voltaria para tentar ressuscitar o grupo. Àquela altura, a minha maior preocupação como ator em um espetáculo era a política. Uma peça deveria ter para mim essa conotação e isso foi o que me atraiu na montagem do Flávio Rangel para *O Homem de La Mancha*. Apesar de ser um musical da Broadway, o texto tinha um discurso político, especialmente para aquele nosso momento, ao falar de um intelectual, o espanhol (Miguel de) Cervantes, preso pela repressão de sua época. Claro que o Rangel, diretor extremamente politizado, elevou esse tom da peça, o que justificou muito o sucesso. Não bastasse esse apelo, eu estava trabalhando com estrelas do teatro. O produtor era o Paulo Pontes, grande nome do Arena carioca e marido de Bibi Ferreira. Pontes foi uma influência e tanto para mim, inclusive política, e hoje vejo que ele e Heleny foram as pessoas que mais fizeram a minha cabeça. O elenco, além de Bibi, que cantava em

cena, contava com o Paulo Autran. Eles já eram mitos do palco, e eu, imagine, ali entre eles. Era para mim a porta da esperança. Ainda por cima estreamos no Teatro Municipal de Santo André. Havia um atrativo para estrear ali porque a prefeitura, naquele momento, dava uma subvenção. E o teatro estava recém-inaugurado, já era muito falado, uma referência.

Montamos *O Homem de La Mancha* em 20 dias, um tempo recorde. Nunca tinha visto um ensaio daquela maneira. O Rangel um dia abriu o texto e leu sozinho todos os personagens, do jeito que achava que deveria ser feito. Bibi treinava o canto em separado. Havia uma orquestra no espetáculo.

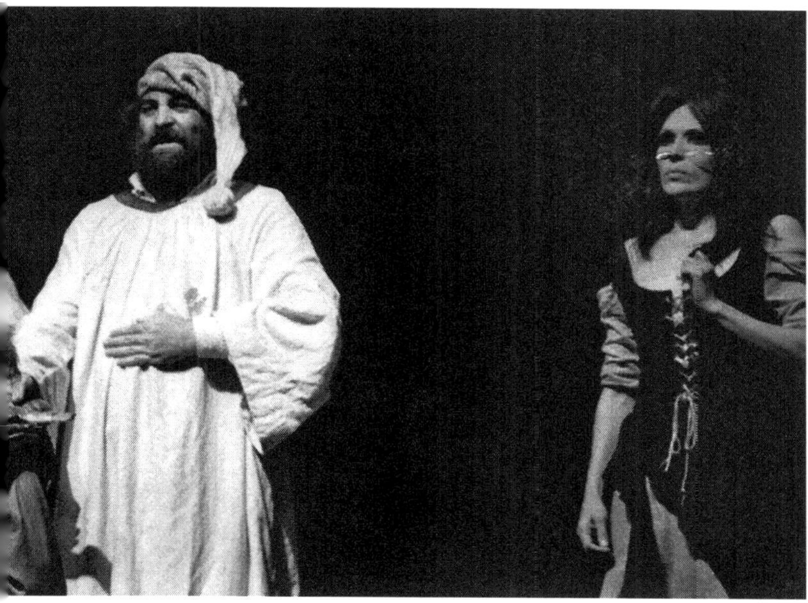

Em Homem de La Mancha, *com Bibi Ferreira*

Eu deveria cantar também, mas recebi a letra da música do Chico Buarque no dia da estreia e não havia ensaiado. Combinamos, então, que eu não tentaria cantar e assim acabou ficando. Ainda me lembro do encorajamento que Bibi me deu ao elogiar minha potência vocal, o que justifiquei como sendo resultado das aulas da EAD. Foi um sucesso a montagem. Fizemos 400 apresentações entre São Paulo e Rio de Janeiro, onde inauguramos o Teatro Manchete. Ali, outra lenda artística entrou no elenco, o Grande Otelo, com quem também convivi bastante.

Foi um período fascinante esse no Rio, com as noites no (restaurante) La Fiorentina e todos aqueles atores famosos que eu, um ator lá de Santo André, começava a conhecer, embasbacado. Na estreia carioca, eu conheci o Oduvaldo Vianna Filho, o Vianinha. Sem saber, anos depois participaria da montagem de *Rasga Coração,* texto já da fase final de sua vida. Ele, o Paulo Pontes, com quem já convivia, e mais uma turma, se reuniam com frequência na casa do Dias Gomes. Eram reuniões escondidas nas quais eles, todos de esquerda, faziam o jornal do Partido Comunista. Fui lá umas duas ou três vezes e numa delas presenciei uma discussão em que cobravam do Dias Gomes que ele parasse de escrever novelas. Tinha que se dedicar apenas ao jornal. Era uma delícia ouvir aqueles embates raivosos. Certa vez, num encontro na casa da Bibi, chega o Procópio Ferreira, pai dela e, portanto, sogro do Paulo Pontes, e pergunta sobre um piano de anos que havia sumido da sala. Ouviu que o instrumento tinha sido substituído por algum jogo eletrônico da época e disparou: *Pois é, sai a cultura e entra o vício*.

Mas nem tudo foram flores nesse período. Houve, por exemplo, um desentendimento entre Bibi e Paulo, e ela terminou por deixar a peça. Fora isso, são lembranças de um Rio onde tudo acontecia. Eu continuava a vir com frequência para São Paulo, mas na prática eu morava lá, num prédio do Largo do Machado. Isso me rendeu ótimas amizades. No andar de baixo estava o Walter Carvalho, ainda estudante, irmão do cineasta Vladimir Carvalho, e hoje um grande fotógrafo de cinema. Essa ligação com ele vinha pela Analy Alvarez, atriz também de *O Homem de La Mancha,* casada na época com o Ipojuca Pontes, irmão do Paulo Pontes. Ou seja, quase uma família, uma irmandade, que também contava com outras figuras, como o pintor (pernambucano) João Câmara. Convivíamos todos num cenário politicamente intenso. Não esqueço dos movimentos políticos da época, as discussões no Teatro Casa Grande, enfim.

O mais significativo desse momento, no entanto, é que *O Homem de La Mancha* mudou tudo para mim. Eu fui muito elogiado, ganhei visibilidade. Tanto que o Pontes não queria que eu voltasse mais para São Paulo e eu acabei emendando com *Dr. Fausto da Silva,* um texto dele. Esse espetáculo, também com direção do Flávio Rangel, foi uma coisa complicada. Tinha como personagem principal interpretado por Jorge Dória um apresentador de TV, um tipo que misturava Silvio Santos a Chacrinha e Flávio Cavalcanti. Com o programa dele caindo de audiência, ele discute com o diretor da emissora o meu papel na peça e o que fazer. O apresentador decide, então, trazer a mãe moribunda, vítima de câncer, para morrer em frente às câmeras. Era um texto com tudo para emplacar. Só que o Dória, com aquele seu tipo histriônico, resolve fazer a interpretação na estreia a sua maneira e encheu o texto de *cacos*, sem seguir as coordenadas do Rangel. Foi um bafafá. O Rangel queria matá-lo, acabou com ele ao final da apresentação. Houve outros erros na estreia e os críticos não perdoaram. O Pontes telefonava para todo mundo, se explicando, mas não adiantou. Teatro é cruel. Acontece naquele momento e, quando não dá certo, não tem repetição. Essa era uma grande peça, mas não aconteceu.

Em Dr. Fausto da Silva, *com Zanoni Ferrite*

Pouco depois, em 1974, Vianinha morre. Pontes, já separado da Bibi, fica prostrado e quase não escreve mais. Eu continuo no Rio, com idas e vindas a São Paulo, e além de prosseguir com algumas apresentações de *O Homem de La Mancha,* eu precisava trabalhar mais para me manter. Pontes, então, me arruma um trabalho na TV Tupi carioca, já em sua fase final. A televisão é parte da minha carreira, mas nunca quis aceitar qualquer papel. Foi mais por sobrevivência que aceitei fazer a novela *O Anjo,* que acabou não indo ao ar porque a Tupi fechou primeiro. Não nos pagaram, mas como havia um contrato fomos à justiça e recebemos uma bolada na época.

Capítulo IX

A Hora de Amadurecer

Enquanto isso, o Grupo Teatro da Cidade tinha continuidade no ABC. Voltei para lá e dirigi a peça infantil *Nem Tudo Está Azul no País Azul,* da Gabriela Rabello, então já integrante do grupo, e *O Incidente no 113,* da colombiana Nelly Vivas. Essa peça foi resultado de uma situação um tanto particular. Na minha ausência, o GTC havia sido convidado para apresentar *O Evangelho Segundo Zebedeu* no Festival de Cali, na Colômbia, um evento de teatro experimental. A turma voltou de lá apaixonada pelo que viu e quis montar em Santo André um espetáculo de mesmos moldes pregados pelo diretor (Enrique) Buenaventura, responsável pelo festival, que pensava o teatro como criação coletiva, voltada à reflexão social e política. O grupo, então, pensou num texto sobre a Revolução de 1932 e chamou o Carlos Queiroz Telles para consumá-lo. Tudo estava pronto quando *A Heroica Pancada,* esse espetáculo sobre a revolução, foi totalmente censurado. Era 1974, uma época pesada. Foi aí que surgiu a ideia de montar *O Incidente no 113,* que eu já havia dirigido com alunos da Fundação das Artes de São Caetano como um exercício, e no qual também atuei. Era um texto de tom absurdo, no sentido do gênero do teatro do absurdo. O cenário era um elevador, no qual os tipos mais estranhos entravam, inclusive um anjo.

Mas o GTC já não era o mesmo de quando me afastei. Ainda estavam lá alguns nomes originais, como a Sônia Guedes. Era o início do fim, por assim dizer. Depois de *O Incidente...,* que foi ótimo para nós, com boa temporada em São Paulo, fizemos apenas mais dois espetáculos, entre 1976 e 1977. Um deles foi *Mumu – A Vaca Metafísica,* um texto do Marcílio Moraes, o mesmo autor que hoje escreve novelas para TV, dirigido pelo Silnei Siqueira. Era um texto perfeito para eu e a Sônia atuarmos juntos, ligado a um acontecimento com o Celso Nunes, que voltarei a comentar. O outro espetáculo foi *Os Amores de Don Perlimplin com Belisa em seu Jardim,* de autoria do (Federico Garcia) Lorca, dirigido por mim. Não havia mais ninguém original do grupo. A ideia era ressuscitá-lo, mas o GTC já estava nocauteado. Era chegada mesmo a hora do amadurecimento, dos atores procurarem outras experiências, cada um para um lado. Nenhum grupo dura mais do que cinco anos, sob pena de se diluir nas ideias, nas necessidades de representar. É preciso evoluir. Certa vez perguntei ao Paulo Pontes por que o Grupo Opinião acabou e ele me disse que havia muito dinheiro envolvido, muitos autores querendo montar a próxima peça: ele, o Vianinha, o Ferreira Gullar... Poucos grupos são fiéis.

Voltando ao *Incidente...*, foi justamente nas apresentações da peça no Teatro Ruth Escobar, em São Paulo, que recebi o convite para *Coriolano,* com direção de Celso Nunes e interpretação de Paulo Autran. Nesse Shakespeare pouco montado, eu era um dos tribunos, aquele que faz o discurso para banir o protagonista do seu reino. Era uma peça que poderia ser vista como política, que propunha o banimento de um político para fora de seu país. Na temporada carioca houve até uma polêmica, pois para alguns um dos discursos do Coriolano soou reacionário na tradução feita pelo Paulo Pontes. Aí a turma do *partidão* não perdoou e caiu em cima. A pedido do Celso eu refiz alguns diálogos e os levei, constrangido e com muita cautela, para o Autran. Acho que ninguém queria essa tarefa ingrata e escolheram a mim. De qualquer forma, foi uma ótima experiência, o meu primeiro Shakespeare. E me lembro que sempre ao final do meu discurso contra Coriolano eu era aplaudido em cena aberta. Outra lembrança muito boa foi a convivência com madame Henriette Morineau, intérprete da mãe do protagonista. Ela me curou de um torcicolo que arrumei ao substituir um colega da peça na temporada carioca. Foi ter um toque dela e a dor sumiu.

Em Coriolano

O trabalho seguinte surgiu naturalmente. O Celso Nunes decide montar *Equus,* de Peter Shaffer, mesmo texto que deu origem ao filme homônimo, e me chama, junto com Sônia Guedes. Novamente no elenco estavam Autran e a Regina Braga, então mulher do diretor. Foi um grande sucesso. Mas o interessante nesse caso foi que, na época, o Celso fazia parte de uma comissão julgadora de um concurso do Serviço Nacional de Teatro e indicou uma peça que ele considerava perfeita para eu e a Sônia fazermos lá em Santo André. Era *Mumu – A Vaca Metafísica*, que acho, levou o quarto lugar na seleção. Eu e Sônia gostamos e compramos no Rio de Janeiro os direitos para montar a peça. Curioso que esse é o mesmo concurso em que o Vianinha ganha com *Rasga Coração*. O Celso, por alguma razão, não poderia dirigir *Mumu* e chamamos o Silnei Siqueira. Como alguns componentes do GTC não podiam ou não queriam participar do elenco, fomos atrás de outros atores: a Tânia Alves, que eu adorava na época, e também o Carlos Augusto Strazzer. Estreamos em março de 1976 no Teatro Municipal de Santo André com boa acolhida e fomos convidados pela Ruth Escobar a participar do festival dela em São Paulo, onde fizemos uma temporada.

No mesmo ano eu recebo um convite para um espetáculo do Fernando Peixoto, *Ponto de Partida,*

Em Equus

um texto do (Gianfrancesco) Guarnieri. Era uma substituição, na verdade, para um dos papéis do Sérgio Ricardo, o de ferreiro, que fazia também a direção musical da peça. Atuo na temporada paulistana e depois na carioca, que, devido ao sucesso, se estendeu mais do que o previsto. A produção era do Othon Bastos. Uma peça extremamente ousada, toda em versos, mas principalmente desafiadora para aquele período político bravo. Era uma parábola do Guarnieri sobre um poeta que aparece enforcado na praça, filho de um ferreiro. Isso, um ano depois da morte do (jornalista Vladimir) Herzog. Eu me lembro que o Teatro Municipal de São Paulo convidou o espetáculo para um mês teatral e no dia da apresentação houve uma grande manifestação. Veio polícia, cavalaria, soltaram bombas. O teatro lotado e os estudantes queriam que o Guarnieri lesse um manifesto. Mas era complicado para ele, imagine, ali, prestes a estrear a peça, arrumar encrenca... Guarnieri sugeriu, então, que o estudante, de surpresa, antes de a peça começar, lesse o manifesto. E assim foi feito. Isso se fazia muito na época, porque ninguém ousava publicar nada. Lembro que nós, atores, éramos incumbidos de percorrer os teatros e ler um manifesto. Dividíamo-nos em grupos, eu e o Othon, por exemplo. Tínhamos uma estratégia, que era pedir ingresso na bilheteria, e como era para a classe (teatral), sempre davam. Aí entrávamos e no terceiro sinal, de pé, começávamos a ler o manifesto. Fizemos isso uma vez no Teatro Itália, e graças a um porteiro conhecido conseguimos fugir quando a polícia já chegava. Claro que tinha um pessoal da classe teatral que não aceitava, não deixava. Mas era uma experiência e tanto.

Foi essa mesma turma, o Peixoto, o Othon, o Guarnieri, que me levou para o espetáculo seguinte, *Mortos Sem Sepultura,* do Sartre. Houve uma mudança no elenco, quando o Guarnieri desiste nos ensaios, e eu passo para o papel dele. Ainda era um momento político terrível. Eu me lembro que havia gente do governo no meio da plateia, nos espionando. Certa vez, um cara ficou assobiando *Copacabana, princesinha do mar...* durante o espetáculo. Havia reações iradas da plateia, coisas do tipo *isso não acontece no meu país*, e se retiravam.

Depois, quando surgiu o espetáculo *Caixa de Sombras,* em 1978, a situação já estava um pouco melhor, era um período mais tranquilo, de distensão política. Essa peça foi uma opção que fiz em detrimento de uma superprodução do Jorge Takla, *Chuva.* E nunca me arrependi. Até porque foi um sucesso, e o espetáculo do Takla não. Éramos eu e Sônia Guedes em cena novamente, numa história de pessoas envelhecendo,

Em Mortos sem Sepultura

morrendo, sob direção do (Emilio Di) Biasi, com quem havíamos feito *Mirandolina,* no tempo do GTC. Era natural que nos bandeássemos sempre para o lado dos que pensavam o teatro como nós. Eu e Sônia, que, aliás, foi muito premiada por essa peça, sempre tivemos muita sintonia. O que não sabíamos naquele momento era que estávamos, ambos, prestes a participar de dois marcos de produção: no teatro, com *Rasga Coração,* e na TV, com *Malu Mulher.*

Capítulo X

Do Palco para as Telas: Malu Mulher

Muitas oportunidades que eu tive no teatro não eram boas só pela qualidade do espetáculo ou pelo sucesso. Também foram vitrines que me garantiram trabalhos em outras áreas, às vezes interessantes, outras vezes pela sobrevivência. Como foi o caso da televisão e do cinema. Na época do GTC, a TV Cultura me rendeu muitas chances nos teleteatros. Também havia os programas educativos de aulas. Depois vieram as novelas, em que fiz participações pequenas, como em *Os Ossos do Barão,* na Globo, ou *O Direito de Nascer* e *Tchan – A Grande Sacada,* na Tupi. Cheguei até a fazer animação de bonecos no *Vila Sésamo.*

Da mesma forma, o cinema. O Sílvio de Abreu, que mais tarde se tornaria um grande autor de novelas, me conhecia do teatro e me convidou em 1976 para uma participação no filme dele, *A Árvore dos Sexos.* Até então, eu havia tido apenas uma experiência no cinema, um tanto desapontadora. Foi uma rápida aparição no único filme do Antunes Filho, *Em Compasso de Espera,* mas a cena foi cortada na montagem. Depois vieram os filmes do (Maurice) Capovilla,

O Jogo da Vida, e do Eduardo Escorel, *Ato de Violência.* Mas uma grande experiência, ainda que num papel discreto, foi em *Eles Não Usam Black-Tie.* O (diretor Leon) Hirszman queria reunir um elenco de atores que tivesse relação com Guarnieri, o autor do texto, e eu entrei nessa.

Mas isso já era 1981 e a minha vida tinha mudado bastante então. Antes de tudo, por causa de *Malu Mulher,* o primeiro grande projeto de televisão que me tornou conhecido, a ponto de ser parado na rua. A mim e a Sônia. E tudo aconteceu justamente por causa de *Caixa de Sombras.* Um assistente do (diretor) Daniel Filho foi ver o espetáculo e nos recomendou para um teste. Mas a história que foi ao ar, da Regina Duarte como a mulher que se separava e ia cuidar da vida, da filha, trabalhar, curiosamente não era o pensamento inicial. A ideia era que tudo se passasse num escritório de empresa, onde a personagem tinha algum tipo de atuação desafiadora, revolucionária. Chegaram a gravar dois ou três pilotos, mas aí o Daniel decidiu que não era isso. Eu e Sônia passamos a ser os pais da protagonista e tudo mudou para o projeto, que foi um marco na televisão.

É importante destacar que na televisão eu nunca tive muitos grandes trabalhos, não tinha grande identificação na TV, e as pessoas de TV me identificavam como alguém do teatro. Eu não tinha o *physique du rôle* para TV. Alguns anos depois de *Malu Mulher,* eu fui fazer a novela *O Ninho da Serpente,* na Bandeirantes, mas só porque havia por trás do projeto um autor chamado Jorge Andrade, que eu adorava e que me conhecia dos tempos de EAD, e havia um diretor de teatro dirigindo, o Antônio Abujamra. Foi uma experiência de telenovela interessantíssima, ousada até. Era toda gravada dentro de um casarão em São Paulo, ali no Jardim Europa. Um elenco ótimo, a Beatriz Segall, Cleyde Yáconis, entre outros. Mas fora esses dois trabalhos, *Malu Mulher* e *O Ninho...,* eu não tenho grandes momentos na TV durante esse período. Depois disso, só viria a ter algum destaque em *Pantanal,* na Rede Manchete, mas muito por acaso, de forma acidental mesmo, como contarei depois.

Em Rasga Coração

Capítulo XI

Bate Coração

Eu não era o tipo que fazia *lobby* para permanecer na televisão, então eu sempre voltava para o teatro. E no momento em que eu já estava ocupado com *Malu Mulher,* um dia toca o telefone e o José Renato (diretor e um dos fundadores do Teatro de Arena) me convida para fazer *Rasga Coração.* Foi um susto. Eu nem sabia que tinham liberado o texto do Vianinha. Como se sabe, esse foi o último texto dele antes de morrer em 1974. Ele já estava muito doente no hospital e ditou para a mãe, que foi compilando tudo. Vianinha então deu a peça para o Zé Renato montar, mas veio a proibição da censura. Isso se tornou questão de honra para o Zé, e cinco anos depois, com a abertura política e ainda com o dinheiro do prêmio do Serviço Nacional do Teatro, ele cumpre a promessa da montagem. Chama o Raul Cortez de São Paulo para protagonista e reúne atores do Rio como Lucélia Santos, Ary Fontoura, entre outros. Eu sugeri o nome da Sônia Guedes, que se juntou a nós. E fomos estrear em Curitiba, de onde era outro ator do elenco, o Maurício Távora.

Foi uma estreia conturbada. Eu perdi a voz dias antes por causa dos ensaios intensos e do frio. Havia um palco giratório na cenografia do Marcos Flaksman que não funcionou, o Raul nervoso... Mas, como se sabe, foi aquele sucesso, especialmente quando chegou ao Rio de Janeiro. A intelectualidade só falava da peça. Lembro que o Luis Carlos Prestes foi nos ver. Era um espetáculo político, sobre um homem simples, funcionário público e militante comunista, e com muita gente boa na produção que depois iria despontar, como a figurinista Marília Carneiro, hoje na Globo, e John Neschling na produção musical. Na temporada paulista entrou a Débora Bloch no lugar da Lucélia Santos. Mas eu não acompanhei toda a trajetória do espetáculo, pois tive que deixar o elenco e voltar para São Paulo por questões de saúde na família. Depois, até houve a oportunidade de me reintegrar à peça durante a passagem por São Paulo. Foi uma coincidência...

Assim que cheguei a São Paulo, ao deixar a temporada carioca de *Rasga Coração,* fui convidado pelo Celso Nunes para participar de *Patética* e aceitei. Era uma peça sobre o (Vladimir) Herzog, escrita pelo cunhado dele, o João Ribeiro (Chaves Neto), irmão da Clarice Herzog, e já falecido. A estrela era a Lilian Lemmertz, e o jornalista era vivido por Ewerton de Castro. Um tema, claro, do momento, muito oportuno, mas talvez as pessoas não estivessem preparadas ainda para enfrentar aquela tragédia representada no palco. Não teve muito público. Mas às vezes era mais importante estar num espetáculo, não por razões artísticas, mas por razões políticas. Foi o caso aqui. E claro que a peça sofreu pressão das autoridades. Para mim foi uma experiência curiosa também por ter de aprender a rezar o *kadish*, a oração que se faz para o morto num velório judeu. Na época, eu ensinava teatro naquele colégio israelita, o I. L. Peretz, e quem me ajudou a decorar a prece foi o (rabino) Henry I. Sobel. Ele teve dupla paciência, porque depois da primeira vez que fiz a gravação para treinar em casa, meu filho sem saber pegou o gravador e apagou a fita, registrando algo em cima. Aí tivemos que repetir tudo. Essa cena da oração era sempre emocionante de fazer com a Lilian, que interpretava a mãe, vestida com um longo véu negro, e eu, o pai, numa plataforma no alto. A coincidência a que me referi acontece no momento em que essa peça viaja e eu não posso ir. Então o pessoal do *Rasga Coração* vem para São Paulo e o Zé Renato me chama de novo. Foi bacana ver a consagração do espetáculo na cidade, especialmente do Raul (Cortez) e não tanto por mim, que tinha um papel sem importância. Mas de qualquer forma me sinto hoje orgulhoso de pertencer a esse grande momento do teatro brasileiro, que ainda por cima coincidiu com o sucesso de *Malu Mulher* na TV.

Capítulo XII

Entre Amigos de Ofício

Depois de *Patética,* vou fazer *Ossos d'Ofício*, um texto da Maria Adelaide Amaral. Nós, do grupo, eu, Sônia, tínhamos amizade com a Maria Adelaide, não me lembro bem por que. O fato é que ela já era conhecida, já tinha escrito *Bodas de Papel*, cuja montagem foi um sucesso. Quando surgiu a ideia de montar essa nova peça, a intenção era reabilitar um pouco o pensamento do Grupo Teatro da Cidade. Acabamos por ter patrocínio da Prefeitura de Santo André. A direção era do Silney Siqueira e a cenografia, do Marcos Weinstock, que tinha trabalhado conosco no grupo. O que esse texto mostrava? A primeira modernização bancária. Era o momento em que saía o papel e era introduzido o computador. Os personagens estão confinados no arquivo morto do banco e têm de se atualizar, ter aulas de inglês... Tinha um humor negro muito inteligente, fantástico. No elenco havia o João José Pompeu, o Luis Serra. Fizemos carreira em Santo André e em São Paulo. A partir daí, a Maria Adelaide ficou muito ligada a nós.

Peças como essa funcionavam porque quando decidíamos fazer uma montagem, nós chamávamos pessoas que conheciam o nosso trabalho, o nosso mecanismo de trabalhar. Queríamos ter certeza de que o resultado seria legal. Não adiantava chamar um diretor famoso do momento, pois aí ele viria com megalomanias, e nós queríamos algo pé no chão. Queríamos avançar na maneira de encenar, claro, mas tinha que ter o mínimo de possibilidade de realização. Esse *nós*, veja, que estou sempre falando, é a Sônia Guedes, com quem sempre tive afinidade no teatro desde o GTC, o José Armando (Pereira da Silva), crítico de teatro e muito ligado ao grupo, e o Walter Portella, um empresário de São Caetano. Não confundir com o ator homônimo ligado ao Antunes Filho. O nosso Portella fez teatro amador com o Roberto Vignatti, inclusive atuando com minha mulher, a Rosinha, e se tornou muito amigo. Nós quatro fundamos, em 1981, a Proa Produções Artísticas, justamente para viabilizar *Ossos d'Ofício.* Eu e Sônia somos os artistas nessa empresa, e o José Armando e o Portella são mais administradores, empresários, nos ajudavam a escolher as peças.

O passo seguinte dessa empreitada foi *Gemini.* Nós nos associamos na produção ao Emilio di Biasi, mas não foi uma boa escolha esse texto. Isso, claro, podia acontecer, era normal na carreira. Era um texto da Broadway. O Biasi e um amigo haviam visto o espetáculo lá, sobre uma família italiana em Nova York. Eles, então, propuseram para nós. A única que não queria fazer era a Sônia. Mas fizemos e a Sônia permaneceu no elenco. Tinha bons atores, a Júlia Lemmertz, o Marcos Frota e a Kate Hansen, por exemplo. A estreia foi em Santo André. Tudo para nós começava lá. E depois fomos para o Teatro Sérgio Cardoso, em São Paulo. Lembro de encontrar o (diretor Roberto) Lage, que tinha acabado de assistir à peça, num bar ali do lado, e ele me pediu explicações, uma única razão para fazer essa peça, ele dizia. Não deu certo mesmo. Era tudo maravilhoso, uma produção magnífica, com cenografia do Marcos Weinstock, que construiu um prédio de apartamentos típico de Nova York. Tinha pesquisa. Mas foi uma m... Às vezes nós, atores, não temos olhar, uma leitura boa para determinados textos. A gente olha um pouco o personagem e não percebe que aquele personagem não é para aquele momento. A Sônia previu que não ia dar certo. Ao menos nessas empreitadas frustradas não perdíamos dinheiro. Apenas deixávamos de ganhar, talvez. Também tínhamos trabalhos na televisão para nos sustentar, às vezes uma verba do estado ajudava...

Nessa fase da Proa não havia obrigação de sempre montarmos algo juntos. Apenas ficávamos atentos ao que podia aparecer de interessante, bom para nós. Foi o caso de *Ganhar ou Ganhar*, no original *Gin Game*. Um dia eu fui à biblioteca do Museu Lasar Segall e vi uma coleção de revistas americanas que traziam peças da Broadway, da off-Broadway, e me chamou a atenção a peça *Gin Game*. Lá mesmo, na biblioteca, encontro uma versão da peça em francês. Os dois personagens tinham muito a ver comigo e com a Sônia. Pedimos, então, para uma amiga traduzir do francês e chamamos novamente o Celso Nunes para dirigir. Esse título, *Ganhar ou Ganhar,* quem deu foi o Décio Pignatari, muito amigo da Sônia, os filhos dos dois eram muito amigos. A peça foi um sucesso. Montamos lá no Teatro Paiol, pois não tínhamos um teatro definido para nossas produções. Além da temporada em São Paulo, estivemos em Santo André, viajamos muito com a peça. Afinal, não podíamos ficar parados, então nos virávamos. No estágio em que estávamos na carreira, nem sempre havia convites. Muita gente nos enxergava ainda como do grupo GTC, ou que iríamos sempre trabalhar juntos em torno da empresa, a Proa. Então aprendemos como produzir, ganhamos prática e dominávamos muito bem isso.

Em Ganhar ou Ganhar, *com Sonia Guedes*

Em Ganhar ou Ganhar, *com Sonia Guedes*

Um bom exemplo foi uma ópera que produzimos só para a Sônia, *Os Sete Pecados Capitais*, de (Bertolt) Brecht e Kurt Weill, no Municipal (de São Paulo). Ela cantava, pois tinha tido formação de cantora lírica. Tanto que a filha dela, que há muitos anos mora na Alemanha, é uma cantora lírica, a Kátia Guedes.

Havia, claro, convites que aconteciam fora da Proa. Um deles veio novamente do Zé Renato. Ele me convida, a mim e a Cleyde Yáconis, para protagonizar *Amante S/A* no Teatro Itália, que estava arrendado por ele na época. É o tipo do trabalho que tem de se fazer de vez em quando. Uma comédia leve, teatro de *boulevard*, e o Zé estava com um projeto assim naquele momento e com uma boa casa para isso. Foi o primeiro trabalho com ele depois de *Rasga Coração.* O resultado foi muito bom, com um elenco bacana, o Marcos Caruso, a Suely Franco. São ciclos. Apareciam várias oportunidades nessa época, que poderiam ser desafios, bons ou não. Outro caso, acho que melhor para os alunos do que para mim, foi um convite de estudantes da EAD para dirigir uma montagem, em 1984. Só que eles escolheram *Álbum de Família,* do Nelson Rodrigues. Achei maluquice. É uma peça difícil de encenar, complicada, ainda mais para novatos e numa escola que não tinha dinheiro. Mas eu

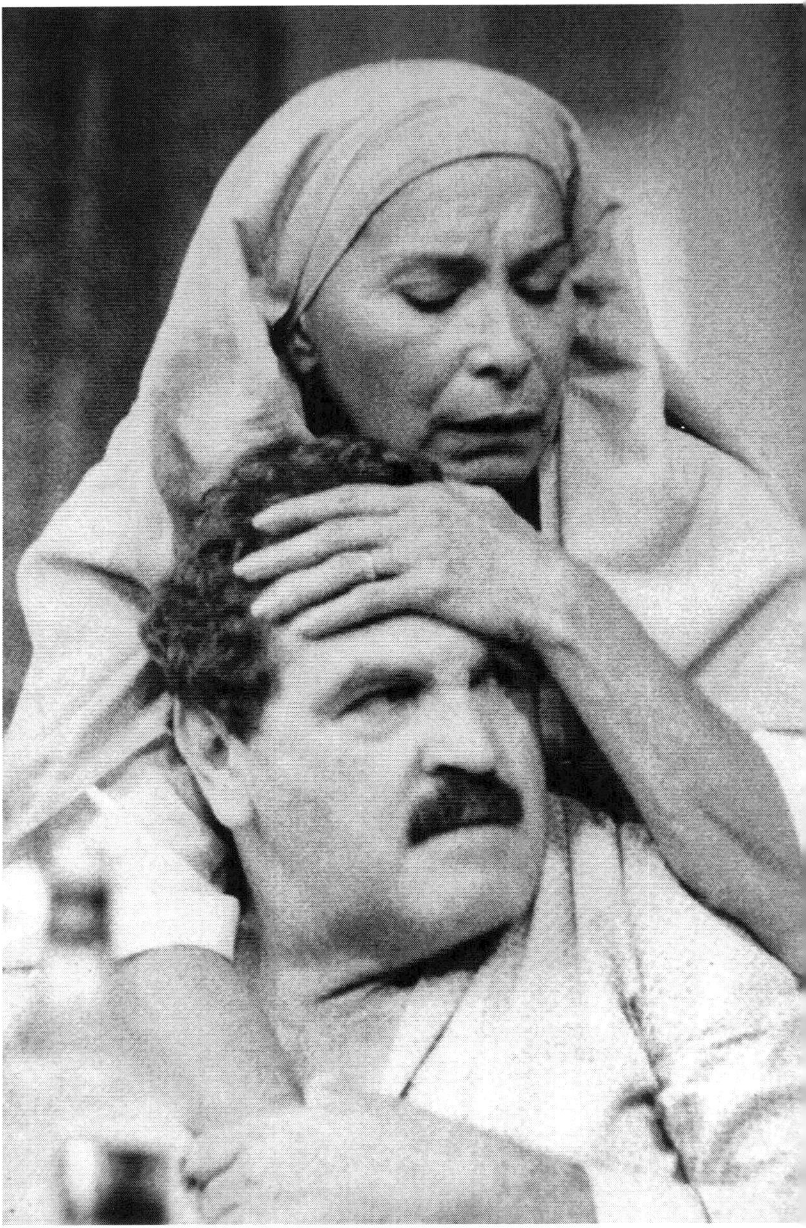

Em Amante S.A.*, com Cleyde Yaconis*

fiz, sem receber nada. Trabalhei com eles por seis meses. Foi uma coisa sentimental. Eu considerava aquilo uma contribuição para a escola que me formou. Acredito nisso, que um lugar que deu a você tudo de graça deve receber algo em troca um dia.

Outro projeto interessante nesse mesmo ano foi *A Pulga Atrás da Orelha.* Nós – refiro-me aos companheiros envolvidos nessa peça – adotamos uma fórmula de produção que tinha sido sugerida pelo Flávio Rangel. Ele tinha lançado uma ideia para levantar dinheiro para um espetáculo anterior dele. Funcionava assim: formava-se um grupo e o seu trabalho valia um tanto de dinheiro, o seu trabalho tinha um valor. Cada ator contribuía com seu talento e poderia comprar cotas a mais se assim quisesse. Isso tinha dado muito resultado numa peça do Rangel. Então usamos esse sistema e teve mesmo um excelente resultado. O espetáculo foi um sucesso, eu comprei algumas cotas e isso reverteu em ganho ao final para mim. Era tudo muito organizado, havia uma administradora, um produtor, que acho era o Renato Borghi, também ator do elenco. O Gianni Ratto, com quem trabalhei na adaptação para televisão de *Anarquistas, Graças a Deus,* era quem dirigia. Ele já havia montado a peça nos anos 1950, com a Fernanda Montenegro e o Sérgio Britto, com quem depois se uniria no Teatro dos Sete. Eu já o conhecia também das mesmas rodas que frequentávamos no restaurante Gigetto. Nunca me esqueço que houve um coquetel no dia da estreia e o Ratto, cenógrafo também, ficava lá no palco dando os últimos retoques no cenário e nem participou do evento. Foi um ótimo espetáculo, um grande elenco com Othon Bastos, Jandira Martini, Eliane Giardini, Francarlos Reis, entre outros.

A essa altura da carreira, claro, além de eu ter uma roda já estabelecida de amigos, velhos companheiros de palco, também tinha a questão da afinidade e de trabalhos que surgiam em função de outros. O que veio em seguida, o *Cyrano de Bergerac,* foi muito por esse aspecto. Era novamente o Rangel que dirigia. Ele sempre gostou de mim e eu tinha muita admiração por ele. A cenografia era do Ratto. Portanto eu estava em casa. Eu fui até indicado para um prêmio de ator coadjuvante no papel de Ragueneau. A Bruna Lombardi e o Antônio Fagundes formavam o par central, e aí tem uma questão que me deixou impressionado com uma atitude do Rangel. Ele bancou a presença de alguns atores na peça, não só a minha, como a de outros do elenco. Isso foi corajoso porque o espetáculo era da companhia do Fagundes (Companhia

Estável de Repertório) e ele queria, claro, que os atores dele trabalhassem. Mas o Rangel não deixou. Era um diretor de temperamento, que também tinha suas exigências. Lembro que ele brigou muito com a figurinista, a Kalma Murtinho, já muito respeitada, porque ela fez roupas que deixavam de fora as canelas dos atores. E o Rangel se revoltou com isso, dizendo que não queria ninguém com canela de fora, porque os brasileiros têm canela fina, *são péssimos de canela*, ele esbravejava. Foi necessário refazer todo o figurino. O Rangel tinha razão. Para mim, foi um detalhe importante na construção do espetáculo, estético, mas não menor. O Rangel sempre dizia que um espetáculo é metade texto, metade elenco. Se tiver isso, está pronto.

Acabei que não fiz *Cyrano* até o fim da temporada porque surgiu um convite para algo mais experimental, uma peça chamada *Morango com Chantilly,* do Timochenco Wehbi. Para mim sempre havia esse apelo para um teatro mais alternativo. Não que despreze grandes espetáculos, longe disso. Esses textos que fiz do (George) Feydeau (*Com a Pulga Atrás da Orelha*) e do (Edmond) Rostand (*Cyrano de Bergerac*) são clássicos universais. Tem uma técnica de humor aí que não é daqueles risos apelativos. Além disso, eu fazia essas peças por conveniência entre amigos.

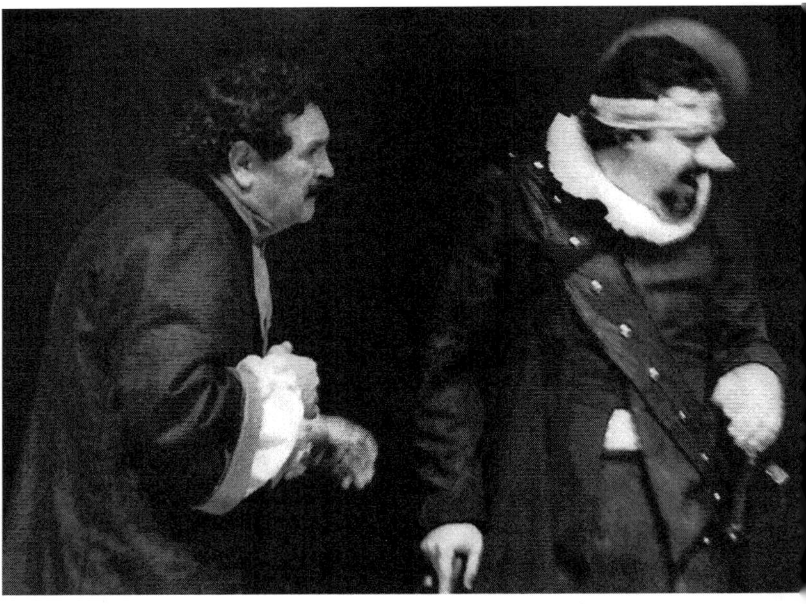

Em Cyrano de Bergerac, *com Antonio Fagundes*

Mas quando apareceu aquela oportunidade, eu saí. Quase me incompatibilizei com o Fagundes. O convite era para um projeto com atores jovens, dirigido por um jovem, o Antônio do Valle, e eu achava que seria mais bacana. Deixei de ganhar bem para ir ganhar nada, porque além de tudo fomos enganados por um produtor, que desapareceu. O Wehbi (1943 – 1986) morreu jovem, um pouco depois desse espetáculo. Tínhamos sido colegas da EAD. Ele não foi aluno, apenas frequentava a escola e era muito amigo da Dilma (de Mello). Acompanhava muito o trabalho do nosso grupo, o GTC, e depois foi ser professor também na Fundação das Artes, em São Caetano. Acabei envolvido por ele pela ideia de fazer algo novo. A peça era sobre uma família e seus problemas, conflitos entre irmãos, entre os quais havia a insinuação de incesto. Era um painel em duas fases da vida desses irmãos.

Depois desse espetáculo, vem *Balada de um Palhaço*. Esse caso é muito interessante. O Teatro de Arena, como já falei, era sempre um ponto de encontro, de referência da minha geração. Eu chegava de Santo André, quando ainda morava lá, e ia para o Arena. E sempre estava lá o Plínio Marcos, ele vivia ali. Certo dia ele me fala que queria que eu lesse uma peça que estava escrevendo para eu fazer com a Walderez (de Barros,

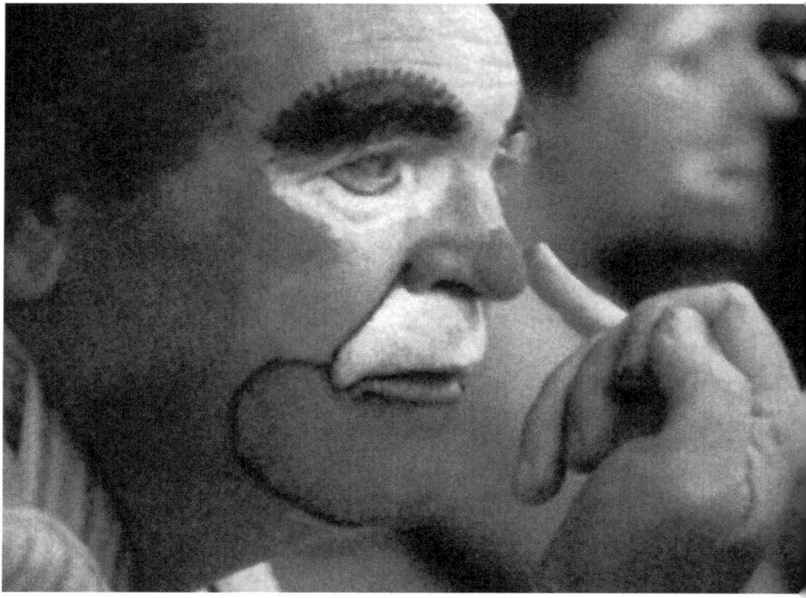

Em Balada de um Palhaço, *com Walderez de Barros*

ex-mulher de Plínio). Ele me levou para um apartamento pequenino, com uma cama e uma mesa, bem ao lado do teatro. Ele então me dá uma maçaroca de papel, tudo fora de ordem, e vai tentando colocar aquilo em sequência. Estava tudo escrito a mão, com uma letrinha pequena. E eu só pensando o que iria sair dali. Quando ele começou a ler, eu fiquei arrepiado. Eu não acreditava no que estava ouvindo, na beleza daquele texto. Já estava quase pronto, só faltava dar um final. Eu só perguntei para ele quando a gente começaria a ensaiar. Era a história de dois palhaços, um que quer fazer poesia e outro que quer ganhar dinheiro com a arte. A direção foi do Odavlas Petti, que então era muito envolvido com as montagens dos textos do Plínio, como *Navalha na Carne.* Era um tipo sofisticado, meio francês esse Petti, que debochava do fato de eu comer pão italiano, pois sempre íamos ao bar para um lanche depois dos ensaios. Tenho um livro com a peça editada e os comentários de críticos da época. Foi algo maravilhoso, todos gostaram. Lembro o fato engraçado de que o Plínio teve uma briga com os críticos porque não ganhamos prêmios. Esculhambou com eles.

Anos depois, eu e Plínio nos reencontraríamos por causa do primeiro texto dele, o *Barrela,* que ficou proibido pela censura por duas décadas. Eu

Em Balada de um Palhaço, *com Walderez de Barros*

participei de duas remontagens dessa peça, um trabalho maravilhoso do Plínio, contundente, forte. Em ambas eu interpretava o Portuga, um personagem fundamental na prisão, onde tudo acontece na peça. A primeira remontagem foi dirigida pelo Sérgio Ferrara. Apesar de muito doente, o Plínio acompanhou o processo todo e foi assistir à estreia em Campinas. Fizemos mais três apresentações no Arena e logo depois ele morre. A outra remontagem, em 2005, foi uma substituição, na verdade. O Roberto Bomtempo dirigia e me pediu que fizesse, na temporada paulista, o personagem que no Rio de Janeiro foi de Jonas Bloch. Nem foi preciso ensaiar ou o Bomtempo me dirigir. Para mim acabou resultando num espetáculo até melhor que o anterior.

Balada de um Palhaço atravessou 1986 e 1987 e nesse último ano eu fiz dois espetáculos bem contrastantes. O primeiro foi *Allegro Desbum,* outro Vianinha, uma remontagem de muito sucesso, dirigido pelo Silnei Siqueira. Ainda foi no período que ocupávamos o Teatro Itália, fazendo comédias. E depois veio *Pasolini – Morte e Vida*. Este não foi um projeto grande, era mais experimental. O diretor Stephan Yarian, com quem depois eu faria *A Mentira Nossa de Cada Dia,* era um americano que, me parece, era amigo do Tadeu Aguiar (ator, cantor e diretor). Não

Em Barrela

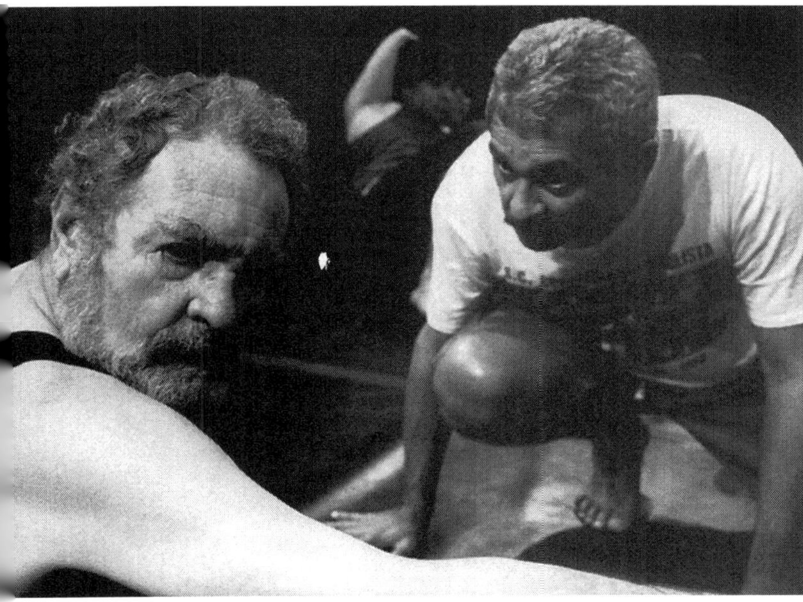

Em Barrela, com Tonhão

Em Barrela, *com Tonhão e Adão Filho*

sei bem por que o Yarian veio ao Brasil. O fato é que ele sugeriu fazer essa peça, que ele conhecia dos Estados Unidos. Tinha o (cineasta italiano Pier Paolo) Pasolini como personagem, seu amante e o garoto que mata o Pasolini. Enfim, a história verídica como se supõe que tenha sido. Havia na montagem o julgamento do caso e eu fazia todos os papéis desse tribunal, as testemunhas etc. Eu só trocava o figurino. Foi apenas um mês de espetáculo. Depois emendamos com *A Mentira...*, que também não deu certo em minha opinião. Houve até uma adaptação ao cinema com Jack Lemmon (*Crise de Consciência,* 1984). Mas eu não vejo relevância nessa montagem.

Capítulo XIII

Um Personagem, Duas Sentenças

O mais interessante para mim nesse momento, para exemplificar como uma coisa leva a outra, é que o Yarian me falou de uma peça que me interessou muito e que eu faria em seguida. Eu nunca tinha ouvido falar até então de *A Última Gravação de Krapp,* do (Samuel) Beckett. Mas o Yarian sempre comentava com o Tadeu, que comprou os direitos da peça. Ele queria atuar, mas depois se achou muito jovem para o papel. O Tadeu, então, me passou a peça para ler e eu confesso que não entendi direito o que estava naquele texto, o que o Beckett queria dizer. Mas ela ficou na minha cabeça. Um dia, encontrei o (diretor) Iacov Hillel, que tinha acabado de chegar dos Estados Unidos, onde foi fazer um curso de televisão. Eu comentei sobre o texto e ele disse que havia feito um trabalho de curso justamente a partir dele. Foi somente um trecho, na verdade, um exercício.

A peça é um depoimento do personagem do título todo gravado em fita de rolo. Mas na versão do curso transformaram o áudio em imagem, com o recurso do vídeo. E foi aí que o Hillel propôs fazer dessa forma em São Paulo o espe-

Em A Última Gravação de Krapp

táculo inteiro. A ideia era interpretar o Krapp mais jovem no vídeo e, no palco, em cena, ele apareceria mais velho. E assim eu fiz. O resultado foi bom, um espetáculo bem recebido pela crítica e pelo público. Mas eu achava que tinha algo ali que não estava certo. Era uma ideia na qual eu acreditava, mas não falava para ninguém. Porque quando a gente se interessa por um texto é natural começar a pesquisar, ler a respeito. Também me lembro que no Rio de Janeiro um crítico questionou o recurso do vídeo, dizendo que isso era *um outro palco*. Ele queria dizer que fazendo essa mudança no texto do Beckett a ideia da televisão imperava no espetáculo. Eu entendia a discussão e em parte concordava. Tanto que levaria aquilo comigo por anos e uma década depois, em 2000, eu faria novamente a mesma peça, numa remontagem, desta vez fiel ao original e dirigida pelo Francisco Medeiros, que eu mesmo escolhi. Acompanhava a carreira dele e achei que era o diretor certo para a montagem. Foi ótimo.

Essa relação com um diretor de teatro, aliás, foi sempre uma questão importante para mim. Define muito como será o trabalho e o resultado do espetáculo. Tanto que sempre voltei a trabalhar com alguns nomes com os quais já estava acostumado. E eles sabiam que podiam

Em A Última Gravação de Krapp

contar comigo e voltavam a me convidar. Era natural. Nesse período mesmo o Zé Renato me chamou para fazer *Sigilo Bancário,* um texto do João Bethencourt que falava dessa questão do envio do dinheiro ao exterior, como ainda tem hoje. É uma peça que se faz também pela amizade entre profissionais. Éramos eu e o Sérgio Mamberti em cena. Da mesma forma, o convite do (diretor) Ulysses Cruz para fazer *A História do Soldado,* em 1991, tinha esse vínculo pessoal. Nós nos conhecíamos da Fundação das Artes, onde o Ulysses foi professor e secretário, e a minha mulher já havia trabalhado com ele. E, claro, eu conhecia a carreira do Ulysses como diretor. Esse espetáculo era para comemorar os vinte anos do Teatro Municipal de Santo André, aquele mesmo que estreou com o GTC. O secretário de Cultura da cidade, o ator e diretor Celso Frateschi, convidou o Ulysses para propor uma montagem.

Nessas ocasiões, de alguma celebração, era comum querer reunir artistas ligados ao ABC para atuar num espetáculo. O mesmo aconteceria na peça seguinte, *Nosso Cinema*, um texto do Luis Alberto de Abreu, também muito envolvido com a região, onde mora, e dirigida por mim, também a convite do Frateschi. A montagem era para reinaugurar o Cine-Teatro Carlos Gomes, em Santo André, e eu e a Sônia Guedes interpretávamos dois fantasmas que surgiam desse cinema até então fechado e começavam a contar as histórias do lugar. Um projeto pequeno, simples, mas delicioso de fazer.

O contrário em dimensões da montagem do Ulysses. Ele veio com uma ideia grandiosa, quase uma operação de guerra que ocupava os três palcos do teatro – você sabe, o Municipal tem um palco frontal e dois laterais – uma cenografia mirabolante, difícil de montar, além de orquestra, corpo de baile e um grande elenco encabeçado pelo (Antônio) Fagundes. Eu fazia o papel do narrador, mas a presença mais engraçada em

cena era do Cacá Carvalho, que fazia um diabo hilário. Mas eu entrei e saí do espetáculo com a mesma impressão, a de que ninguém entendia nada do que via no palco. Para mim, o Ulysses não contou a fábula direito. Não tinha por que inventar tanto nessa adaptação (texto de C. F. Ramuz e música de Igor Stravinsky). Viajamos com o espetáculo para Santos, Piracicaba, além de fazer apresentações no Teatro Municipal de São Paulo. Só que nesses lugares não havia os recursos do teatro de Santo André, então não era o mesmo impacto. Mas são coisas do senhor Ulysses, um grande talento, mas que às vezes não se segura. Pena que hoje ele está mais na TV e faz pouco teatro. Essa montagem também foi significativa para mim por me levar de volta ao palco depois de dois anos nos quais me dediquei a um projeto que surgiu por acaso e me trouxe um sucesso inesperado. Falo da novela *Pantanal,* acho que a única experiência minha em TV que merece um capítulo à parte.

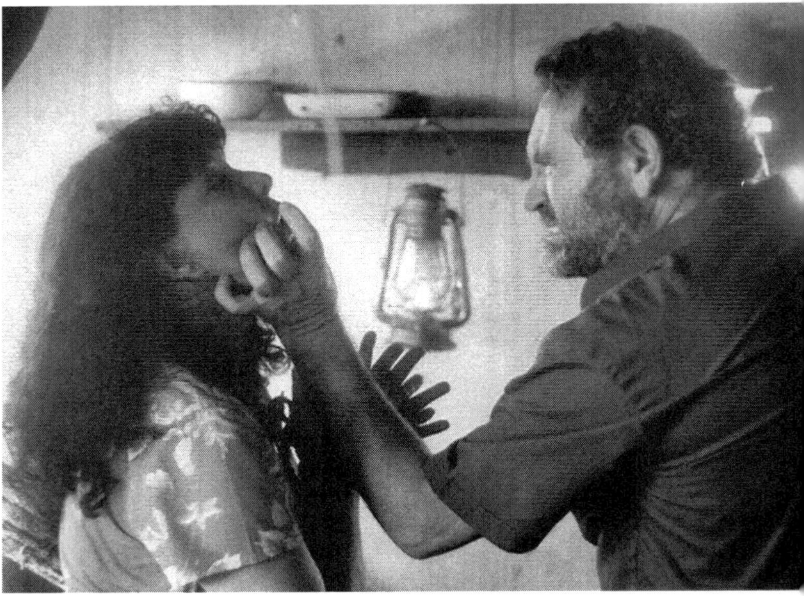

Em Pantanal, *com Ângela Leal*

Capítulo XIV

Um Vilão para Sempre

Eu nunca precisei da TV e sempre prescindi dela o quanto pude. Prefiro o teatro, sempre foi assim. Muitas vezes o trabalho na televisão dificulta o teatro por causa da agenda, como aconteceu ano passado, quando estava fazendo a peça *Só os Doentes do Coração Deveriam Ser Atores,* ao mesmo tempo das gravações da novela *Vende-se um Véu de Noiva,* no SBT. Por isso aceitava fazer TV quando estava sem trabalho e precisava pagar as contas. Foi um caso desses que me levou até a Manchete, na virada dos anos 1980 para os anos 1990, indicado por um amigo que me disse estarem escalando o elenco para uma novela. Eu tinha acabado a temporada de *Sigilo Bancário* e não tinha nada em vista. Fui até lá, mas já haviam fechado o elenco. Comecei a ficar realmente preocupado. Precisava trabalhar. Mas aí aconteceu o inesperado. Eu me lembro de ter ido ao clube que frequentava lá em Santo André quando me chamaram ao telefone. Era minha mulher dizendo que tinham ligado de Campo Grande, no Mato Grosso, e queriam falar comigo urgente. Eu voltei para casa e retornei um recado de um diretor da Manchete, o Carlos Magalhães, que me disse para ir imediatamente para lá, onde iria começar a gravar numa fazenda.

Eu fui, achando que era uma participação pequena, mas quando cheguei descobri com surpresa que iria substituir um dos atores principais, que tinha tido algum tipo de desavença e não participaria mais da novela. Então aconteceu tudo muito rápido. Eu fui para o camarim, pus a roupa do personagem e mal li o *script* para gravar com o Cláudio Marzo a primeira cena. Ele era um dos protagonistas da novela. Fui fazer a cena preocupado, claro. Lembro-me sempre do Paulo Autran nesses casos, que na altura da montagem de *Equus,* ainda ficava preocupado em não acertar o personagem. Eu aprendi com ele que no teatro tem que se ter todas as dúvidas sempre. Mas quando voltei da gravação para o camarim, o camareiro me disse que eu tinha acertado a cena, entendido o personagem e feito exatamente como o Jayme Monjardim (diretor-geral da novela) queria. Ele ficou observando o diretor e o viu vibrar durante as cenas. Nunca esqueci esse comentário. Daí ganhei segurança e o trabalho foi adiante. Ou seja, entrei em *Pantanal* muito por acaso.

E foi aquele sucesso que sabemos em 1990. Eu fazia o Tenório, um fazendeiro com história de trapaças e um passado complicado, que se refugiou numa fazenda no Pantanal. Ele tinha duas famílias, o que era muito comum na região. Era um canalha cativante, um vilão daqueles, detestado pelo público. Certa vez, no aeroporto de Campo Grande, voltando das gravações numa folga, eu estava com a Ângela Leal, que fazia minha mulher na novela, quando duas mulheres se aproximaram e me atacaram agressivamente, dando tapas. O personagem criava esse tipo de reação. Certa vez, a Rosinha, minha mulher, me ligou desesperada porque estavam apedrejando nossa casa. Foi realmente a primeira vez que senti o sucesso na carreira, no que tem de bom e mal. A partir dali, mudou tudo. A imprensa me procurava, eu era convidado para comerciais sobre qualquer coisa, até de produtos agrícolas. Mas eu sempre adotei uma atitude distante diante disso tudo. Lembro que o Paulo Autran fazia muita ironia com isso. *A quem interessa e para que serve a fama?* – ele perguntava. E respondia: *não para o ator, certamente.* No balanço geral, esse personagem de *Pantanal* acabou sendo prejudicial para mim. Eu nunca me livrei dele, no sentido de que até hoje me chamam para fazer o mesmo tipo de papel. A TV, como se sabe, não tem capacidade de criação.

O fato é que fiquei na Manchete contratado por causa de *Pantanal.* Foi a primeira vez que tive um contrato com uma emissora. Lá eu fiz depois *A História de Ana Raio e Zé Trovão, Amazônia,*

Marajá e *Guerra Sem Fim,* quando terminou meu contrato. *Marajá* nunca foi exibida. Era sobre o período Collor e ele conseguiu a proibição na justiça. Eu ainda voltaria mais tarde à Manchete para participar de *Tocaia Grande.* Verdade seja dita, só depois de *Pantanal* é que fiz projetos bacanas na TV. Foi o caso de *Agosto*, minissérie da Globo, e *Éramos Seis*, no SBT, emissora da qual sou contratado desde 2007. Aliás, em *Amazônia,* conheci o cineasta José Joffily, que foi um dos diretores da novela e a quem acabei dando muitas dicas, porque ele não tinha experiência em TV. Mais tarde, ele me chamaria para o elenco de *Quem Matou Pixote?*, meu retorno ao cinema depois de quase uma década. Os últimos trabalhos tinham sido em *Lua Nova*, do (Alain) Fresnot, e *O País dos Tenentes*, do João Batista de Andrade. Mas com cinema sempre foi algo semelhante à televisão, nem sempre funcionava. Embora *Quem Matou Pixote?* seja uma referência na produção desse período, eu não gostei do meu papel, uma participação pequena como delegado, mas que o Joffily queria de um jeito extravagante. Para mim não tinha nada a ver fazer assim o personagem. Mas é o que eu já disse sobre diretores: às vezes dá certo, outras vezes não.

Novela Éramos Seis, *com Luciene Adami*

Capítulo XV

A Renovação, por Jovens Diretores

Essa tese da afinidade com o diretor ainda se encaixaria para um trabalho que viria logo depois de *Nosso Cinema*, a montagem com o Abreu lá em Santo André, só que no Rio de Janeiro, onde eu ainda estava baseado por causa da Manchete. Trata-se de *Viagem a Forli*, do Mauro Rasi. A Sônia Guedes já tinha trabalhado com ele (*A Cerimônia do Adeus* e *A Estrela do* Lar), e depois iria fazer ainda *Pérola*, um grande sucesso. Foi por intermédio dela que conheci o Rasi em São Paulo. Desde moço ele era um desses geniozinhos, muito incentivado pelo Antônio Abujamra. Eu e a Nathalia Timberg formávamos o casal central na peça. Era a primeira vez que trabalhava com a Nathalia. No elenco ainda estavam o Emílio de Melo e o Paulo Betti.

O problema aqui é quando o diretor quer dirigir seu próprio texto, o caso do Rasi. Isso pode ser complicado. E acho que o Rasi não foi feliz nessa empreitada. Ninguém acreditava naquela história de uma família viajando de carro pelo interior da Itália, visitando lugares que nem sempre o público tinha referências. O Rasi podia ser um gênio, mas essa era uma peça por demais sofisticada. E havia também a questão de certa megalomania de produção. Como tinham dinheiro, queriam os recursos mais mirabolantes, como fazer nevar no palco, por exemplo. E lá foi a Nathalia para os Estados Unidos comprar uma máquina de fazer neve. Quando a engenhoca chegou, viram que na verdade precisavam de outra, uma só não bastava para dar o impacto. Aí não ficou um espetáculo como queriam. Enfim, fizemos uma temporada rápida. Fomos a São Paulo, Brasília e aí acabou. É a prova de que nem sempre ter dinheiro, a melhor produção disponível e um bom elenco garante um espetáculo bem-sucedido.

Isso fica claro para mim quando vou fazer, em seguida, *Para Tão Longo Amor*, um projeto mais modesto, contrário à estrutura toda de *Viagem a Forli*. É uma peça maravilhosa da Maria Adelaide Amaral, de quem eu já era amigo desde *Ossos d'Ofício*. O Roberto Lage havia feito essa peça em Portugal. Ele me contou da temporada lá e me convidou para fazer aqui no Brasil. Repetiu então a direção e chamou a Vivianne Pasmanter para contracenar comigo. Foi muito bacana, uma peça emotiva, cujo título se refere ao poema de Camões (*Para Tão Longo Amor Tão Curta a Vida*). Eu interpretava um jornalista que se apaixona por uma mulher bem mais jovem, uma poetisa. Ela vai desbundando e ele entra em órbita. Aí tem um embate entre eles. Foi um presente e tanto esse personagem, uma joia para um ator.

Tive sorte nesse período, mas riscos e decepções também. Eu estava numa fase um pouco conturbada na minha vida. Tinha perdido meus pais num período de três anos e não havia mais a necessidade de morar em Santo André para tomar conta deles. Então, em 1995, eu me mudei para São Paulo. Daí apareceu um trabalho que é desses momentos menos felizes. Foi *Francisco*, que fiz para atender a um pedido especial do (diretor) Márcio Aurélio, com quem mais tarde voltaria a trabalhar em *Em Nome do Pai*, mas só substituindo outro ator. Ele me pediu um apoio para a peça e eu não quis recusar. O texto é do Tiago Santiago, que hoje faz novelas na Record, como *Os Mutantes*, e trata de São Francisco de Assis. O Márcio tentou mil truques para colocar a peça de pé, mas não deu certo. Foi uma infelicidade na trajetória da carreira. Eu posso achar que é culpa dele, mas não fico ressentido ou coisa assim. Tanto que cogitei o nome dele para a direção da minha peça mais recente, chamada *Play Strindbergh* no original, que aqui tem o nome *Seria Cômico Se Não Fosse Sério.* Mas no fim foi o Alexandre Reinecke quem dirigiu.

Enfim, são os riscos que envolvem a carreira de um ator. Acho que uma obrigação nossa é dar um crédito, um apoio para quem precisa ou está começando. E foi um desses casos quando apareceu outro Márcio em minha vida, o Araújo, que me procurou e pediu para que eu lesse uma nova peça dele. Mas era só o início da peça, uma cena na qual dois velhos tomavam uma sopa. Achei boa a cena, mas cobrei que ele tinha que dar continuidade. Ele então desenvolvia as cenas e de vez em quando me mandava um pedaço. Até que ele terminou e quis montar o texto, chamado *Zé Amaro e Irineu*. Convidou a mim e ao (ator) Linneu Dias e nós o ajudamos. É ótimo quando dá certo. Estreamos no Centro Cultural São Paulo e foi uma peça maravilhosa, sobre dois velhinhos com problemas de moradia, cuja casa ia ser demolida para abrir uma avenida. Eles não tinham muito que esperar além da morte. Anos depois estava previsto fazermos um vídeo da peça e o Linneu morre (em 2002). Tivemos de substituí-lo. Chamaram, então, o Chico Martins, marido da Etty Fraser, que infelizmente morre também pouco depois.

Houve uma situação complicada nesse período, um atrito com o Linneu. Ele sabia que eu havia comprado os direitos para montar aqui o *Krapp* (*A Última Gravação de Krapp*), que me interessou depois daquela montagem com o Iacov Hillel, e veio me dizer que também queria fazer a sua versão, dirigida pelo Rubens Rusche. Pediu a mim que eu cedesse os direitos e eu neguei. Ele ficou chateado. O diretor, para minha surpresa, acabou conseguindo os direitos com um agente americano, sendo que essa negociação só tinha valor dentro dos Estados Unidos. Não sei como, eles acabaram estreando no Festival de Porto Alegre. Eu tive, então, que tentar impedir as apresentações em São Paulo, no Centro Cultural. Até hoje esse processo rola. Foi uma situação muito chata com o Linneu. Afinal, ele é pai da Julinha (a atriz Julia Lemmertz, filha de Lilian Lemmertz), com quem trabalhei em *Gemini,* uma das primeiras peças dela.

Interessante que nesse período do *Zé Amaro e Irineu* eu estava trabalhando com diretores mais jovens, já com boa carreira, mas que traziam novas ideias, cada um com seu jeito e personalidade. O Márcio Aurélio tem um conhecimento muito amplo, sobre muitos temas, e isso influi no trabalho no teatro, claro. Já o (Sérgio) Ferrara, com quem faria *Barrela* uns anos depois, tem um foco mais no teatro mesmo. Gosto também do Marco Antônio Braz. Poucos dominam Nelson Rodrigues como ele. Participei da montagem dele de *Bonitinha, Mas Ordinária* no ano seguinte a *Barrela.* Eu interpretava o pai, o doutor Werneck. Esses dois espetáculos faziam parte de um projeto do próprio Teatro de Arena Eugênio Kusnet, do Ministério da Cultura, e previa peças de Nelson Rodrigues e Plínio Marcos. Foi uma casualidade participar das duas peças, lidar com esses dois autores tão distintos e maravilhosos.

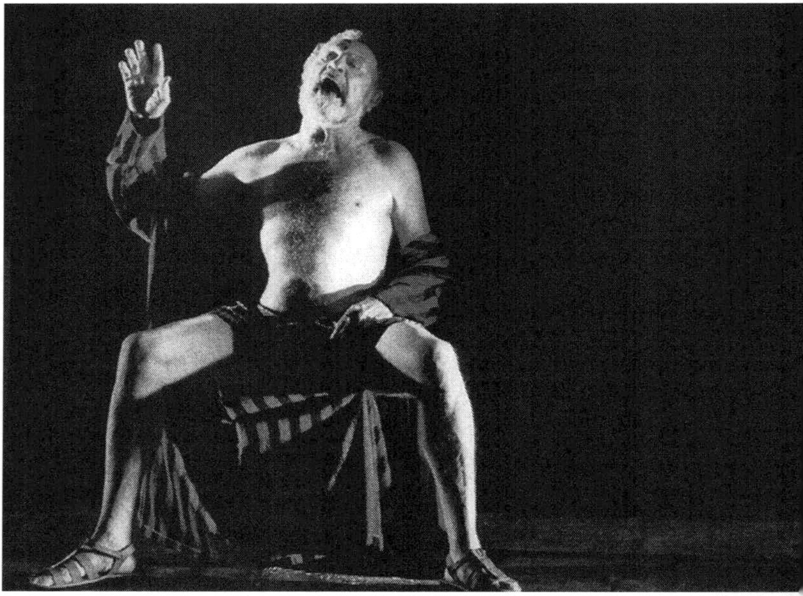

Em Bonitinha mas Ordinária

Em Bonitinha mas Ordinária, *com Mauricio Marques*

Mas entre essas duas montagens teve uma terceira que foi muito problemática. Em 1999 acontece *A Barca dos Mortos*, encenada no porão do Centro Cultural São Paulo, depois de estrear no Municipal de Santo André. O cenário, uma belíssima instalação do J. C. Serroni, era um grande barco tripulado por três homens e uma mulher e que descia um rio todo contaminado. Era o resto de uma civilização que sobreviveu a uma explosão atômica. O texto é de um autor alemão, o Harald Mueller. A ideia e direção do espetáculo foram do Rubens Rusche. Tivemos sérios atritos e o espetáculo foi muito mal de público, pois a temática era sufocante. Para mim

foi uma experiência gratificante como ator, mas péssima com o diretor. E apesar de eu ter conseguido o patrocínio de uma empresa de Santo André, a Semasa, não recebi um único centavo pelo meu trabalho.

Voltando ao *Bonitinha...*, eu participei apenas por dois meses da peça, pois estava compromissado com aquela segunda montagem de *A Última Gravação de Krapp,* que já mencionei. Só a Rosinha, minha mulher, que também estava no espetáculo, continuou no *Bonitinha... Krapp* ficou em cartaz um bom tempo. Viajei muito com a peça pelo Brasil. Foi o espetáculo com que mais me envolvi em toda minha carreira. Afinal era

Em A Barca dos Mortos

uma ideia minha, uma produção a que me dediquei totalmente, um grande impacto na minha trajetória. Tanto que só fui fazer o espetáculo seguinte em 2003. Fiz *Um Merlin*, texto que o Luis Alberto de Abreu dedicou a mim. Também era minha a produção e estreamos no Municipal de Santo André. O próprio Abreu indicou o (Roberto) Lage para dirigir e em minha opinião isso é que foi o problema. A montagem me frustrou um pouco porque o teatro do Abreu é o teatro da narrativa, do épico, e eu acho que o Lage não entendeu direito isso. Enfim, pelo personagem foi muito bacana.

Depois veio *Senhoras & Senhores*. Nesse caso foi o seguinte: eram duas peças separadas do dramaturgo inglês Lionel Goldstein que o diretor Alexandre Reinecke juntou numa só. Em cena, um homem e uma mulher ficam viúvos e se encontram com os respectivos amantes de seus cônjuges. Foi ótimo. Era uma comédia para brincar um pouco, digamos assim. Às vezes isso é necessário na carreira de um ator, parar um pouco com as questões sérias e se divertir. O elenco era muito bom: Sônia Guedes, Suely Franco e o John Herbert. Em seguida à remontagem de *Barrela*, que já comentei, fiz *Sangue na Barbearia*, que não foi uma experiência tão boa quanto essas anteriores. O diretor Darson

Ribeiro uniu textos de dois autores argentinos, mas acho que não rolou legal. Não foi bem o que eu queria. Isso não é uma crítica. Eu fiz porque era uma experiência. Todo diretor jovem vem com um projeto com ideias maravilhosas. Eram dois textos de argentinos, escritos no período da ditadura. Mas tornaram-se um espetáculo sem uma encenação muito original. Foi normal, comum. Hoje o Darson continua com seus projetos, está escrevendo crítica. Mas nossa parceria me frustrou. Diferente do que foi com o Reinecke, com quem voltaria a trabalhar mais tarde.

Capítulo XVI

Entre Tapas e Beijos

O que veio em seguida foi uma passagem complicada por causa da TV. Sabe, eu faço TV até hoje, mas esse veículo tem um tratamento comigo que não é muito generoso. O que quero dizer é que as emissoras nunca me acariciaram. A Globo nunca me acariciou, nunca teve carinho com meu trabalho, apesar de algum sucesso com personagens. Eu fico frustrado com isso, principalmente com a Globo. TV é assim para mim: eu vou lá, trabalho e pronto. Nunca tive o tratamento que merecia. Um bom exemplo foi quando eu estava contratado para fazer *Amazônia – De Galvez a Chico Mendes*, na Globo, um contrato de seis meses. Teve *workshop* e tudo, uma preparação antes de ir para lá, no Amazonas, gravar. Mas acabou que nem cheguei a ir. Fiquei esperando que me chamassem para as cenas e nada. Um dia o Reinecke me telefona com o convite para fazer o personagem principal de *Volta ao Lar*, do (Harold) Pinter. Eu disse que não podia por causa da minissérie da Globo, e continuei na espera pela gravação. E nada. O Reinecke disse que só faria a peça se fosse comigo e foi adiando o projeto. Então combinei com ele que faria, mas que sairia do espetáculo caso me chamassem para a série. Fizemos os dois meses de ensaio, estreamos, e nada da Globo. A essa altura eu já estava fisgado pelo espetáculo. Mas bastou isso, claro, para que finalmente me chamassem na Globo. Meu contrato já havia até vencido. Quando falei para o Marcos Schechtman, diretor, sobre a temporada da peça, ele teve um ataque. Ou seja, eu tinha que ficar ao dispor deles, mas não o contrário. No fim, ganhei um ótimo salário para fazer só quatro cenas. Isso é a Globo.

Mas quero falar desse texto do Pinter, um dos primeiros dele, traduzido aqui pelo Millôr Fernandes. É a história de um pai dominador, manipulador, e seus três filhos. Um deles volta para

o lar casado com uma bela mulher. Eles, pai e filhos, são todos amorais e vão se aproveitar dessa jovem. E aí começam os conflitos, todo mundo querendo possuí-la. Eu interpretava o patriarca, e o elenco ainda tinha o Renato Modesto, a Ester Lacava, o Gustavo Haddad e o Eucir de Souza. Na história há ainda um primo, interpretado pelo Jorge Cerruti. É uma obra densa, de grande força dramática, que gera mal-estar ao assistir. Foi um sucesso no mundo inteiro. Aqui foi feito pela primeira vez pelo Ziembinski (ator e diretor de origem polonesa), em 1968. Também virou filme (*The Homecoming*, 1973). Por esse espetáculo tive uma frustração. Eu fui indicado para um prêmio, mas não ganhei. Este é um capítulo, inclusive, que me deixa muito frustrado. Eu não sou um ator muito premiado. Quase sempre cheguei perto, mas na hora... Recebi dois prêmios na época do teatro amador, como diretor, e cheguei a ser indicado para o Apetesp pela atuação em *Gin Game*. Mas também não foi dessa vez.

No caso de *Volta ao Lar* fui elogiado. Não sei se pesou para o fato de não ser premiado, mas houve críticas na época de que ele (o diretor Reinecke) não aprofundou o tema da peça. Ele é mais um realizador da intuição, do que um intelectual. Ele sabe mais como projetar um espetáculo do que pensar um personagem e analisá-lo detidamente. Preocupa-se com a qualidade visual, com criar o espetáculo. Eu me lembro de uma crítica feita ao Flávio Rangel; que ele sabia como fazer do espetáculo um *show*, ele não ia na particularidade dos personagens. A ousadia do Reinecke já era se lançar a um drama como *Volta ao Lar*, porque ele sempre esteve ligado às comédias, aos projetos mais digestivos. Agora, ele é um detalhista, preocupa-se com a qualidade da tradução, se está correta e, assim como o Márcio Aurélio e o Chiquinho Medeiros, vai no miúdo da fala. Chega a pedir uma pesquisa junto com o ator para que ambos se aprofundem no texto.

Diferente do (Marco Antonio) Braz, que trabalha um pouco no caos, deixando o ator ficar um pouco perdido, de propósito. Uma vez, no ensaio de *Bonitinha, Mas Ordinária,* ele chamou todo o elenco para o palco depois de ter falado muito de Nelson Rodrigues, que ele conhece muito bem. Eu entrei no palco e fui dizendo minha fala, procurando meu canto. Aí ele me interpelou, um pouco bruto, querendo saber o que eu estava fazendo parado ali. Eu disse que estava esperando a indicação dele, que percurso eu deveria fazer. Ele então respondeu que ficava ao meu critério, eu que decidisse. E assim que o ator tomava essa decisão, achava o seu espaço, aí sim, ele sugeria algo mais. Ou seja, ele dava liberdade ao ator, mas primeiro estabelecia uma confusão na nossa cabeça. Ele exige a nossa cumplicidade. Tem muitos diretores que trabalham dessa maneira. Fica muita coisa a critério do ator. Outros são mais precisos em tudo.

Capítulo XVII

Discordar para Criar

É bom que se diga que eu não sou muito maleável como ator. Eu entro muito em conflito com o diretor. Num dos trabalhos mais recentes no teatro, *Só os Doentes do Coração Deveriam Ser Atores*, eu quase deixei o diretor Eduardo Figueiredo maluco. Tentava dar minha opinião, mas discordávamos. Ele não aceitava e discutíamos de novo. Eu faço isso quando eu dou minha opinião e a coisa não se cumpre, quando tenho certeza de que estou certo. Se algo está certo, aí eu não discuto nada. Porque se eu desconfio que uma situação, uma fala, um recurso não cabe na peça, isso não é confortável para o trabalho. Em cena, o ator precisa ter todo o conforto. Não estou falando de um objeto. É o conforto interior, dentro de mim, para realizar a cena que o diretor está propondo. Se não, eu não consigo fazer a cena, aí não se realiza mesmo. Um exemplo nessa peça é que às vezes havia uma ação que eu achava que não tinha que ter. O personagem, um ator veterano, se voltava à pianista e contava a ela um momento de sua carreira. E ela tocando. Eu tinha que bater no ombro dela para ela parar de tocar, apanhar uma garrafa de bebida e me entregar. Ele (o diretor) queria quebrar a beleza, a emoção da cena. Eu achava

Em Só os Doentes do Coração Deveriam ser Atores, *com Elaine Giacomelli*

isso uma frescura, mas o Eduardo não abriu mão e assim ficou. Um dia ele confessou que ninguém, nenhum ator, discutia a proposta dele para um espetáculo. Que tinham tendência em aceitar. Aí acho que ele começou a pensar melhor sobre nossa relação, minhas opiniões.

Interessante que esse espetáculo desde o início parecia que não era para eu fazer. Digo interessante porque hoje para mim é um trabalho que adoro. Tudo começou quando o Figueiredo me procurou há alguns anos para dizer que queria me enviar um texto dele. Ele tinha pensado em mim para fazer o monólogo. Mas eu não dei muita bola não. Até cheguei a me confundir que tivesse realmente recebido o texto. E não aceitei. Aí eu soube que ele fez a peça com outro ator do Rio de Janeiro. Fui ver e não gostei nada. E ele me procurou de novo. Aceitei conversar, pois naquele momento eu estava sem projetos, em busca de verba, financiamento, essas coisas. E fui finalmente ler o texto. Então me dei conta de que tudo o que estava escrito ali eu tinha vontade de falar. Só achei que faltava estrutura ao texto, quando um assunto que era tratado não se ligava a outro. Também era um texto um pouco prolixo. Precisava cortar, e trabalhar isso diretamente com o autor é muito complicado. Há excessos de texto que precisam ser podados.

Em Só os Doentes do Coração Deveriam ser Atores

Em roteiro de cinema isso é mais perceptível. Você nota quando não está bem estruturado. No longa-metragem *A Hora e Vez de Augusto Matraga* [título de trabalho: *Matraga (A Hora e a Vez)*], em que fiz uma participação como o tio Ofeliano, isso não aconteceu. O roteiro estava bem enxuto, objetivo e direto. Mas muitas vezes esses jovens autores precisam construir melhor o personagem, que fica meio perdido na história, não tem uma boa definição. Isso é um grande problema numa novela, o personagem não ter definição, não estar bem construído. Só tem uma faceta, e pronto. Como na novela em que estou fazendo (à época, *Vende-se um Véu de Noiva,* SBT, como o personagem Zé Moreia). Então por que aceitar o papel? Bem, preciso trabalhar afinal. E essa novela também surgiu de um enrosco. Eu acabei emendando depois de *Revelação,* também do SBT e prevista para ser gravada um pouco antes. Em geral, uma novela começa e vai ao ar depois de vinte capítulos gravados, e essa (*Revelação*) não foi. Acabou cancelada. Nós, atores, íamos ser prejudicados. Ficaríamos desempregados depois de muitos atores terem se comprometido, inclusive não aceitando outros projetos. Mas aí o SBT renovou o nosso contrato e criou outra novela usando o mesmo elenco.

É desse tipo de situação de que falava, os problemas que surgem no decorrer de um trabalho com os profissionais, é comum. Mas com todos os diretores que trabalhei sempre terminei a temporada na condição de amigo. O Reinecke, o Braz, o Aurélio... Todos sempre querendo voltar a trabalhar comigo. O Figueiredo já está me propondo algo novo. Até com o Celso Nunes, lá no passado, eu tive conflitos homéricos. Em qualquer espetáculo, isso acontece. O teatro é bacana por isso, você vai fundo nas preocupações, na maneira de se fazer as coisas. Tem de experimentar mesmo, tentar de outro jeito se aquele não dá certo. Pois sempre há a possibilidade de uma versão do diretor, do autor, do ator... O teatro é uma obra que tem que ser feita coletivamente. Em *Só os Doentes...*, eu me lembro do caso da música do espetáculo, que foi muito discutida. Inicialmente eram só peças clássicas. Mas todos opinaram, essas opções foram saindo e ficaram só canções brasileiras. Tem que ter a assinatura de todos num espetáculo. É diferente, por exemplo, da telenovela. A prioridade ali é gravar e acabou. São muitas cenas para fazer.

Capítulo XVIII

Um Projeto Pessoal

Em 2010 volto a trabalhar com o Reinecke na peça *Seria Cômico se Não Fosse Sério*. Eu que pesquisei o texto. Li muito o (dramaturgo sueco August) Strindberg para isso, inclusive uma versão dessa própria peça dele (*A Dança da Morte*) feita na Inglaterra e nos Estados Unidos. Trata-se de uma redução da peça, na verdade, modernizada pelo (dramaturgo suíço Friedrich) Dürrenmatt. Ele reescreveu o original e este se tornou *Play Strindberg,* que ganhou aquele título em português. Eu interpreto um ex-militar, marido de uma ex-atriz, papel da Ana Lúcia Torre. É um casal que se enfrenta, digladia-se todo o tempo, como num pugilato. Pois esse é o formato dado por Dürrenmatt ao texto. Ele se desenvolve em *rounds*, como se fosse a estrutura de uma luta de boxe. Então chega o primo distante, interpretado pelo Luciano Chirolli, com quem a atriz já teve um caso, e interfere nessa situação.

É um daqueles projetos raros para mim, que surge como uma curiosidade minha de investigação de texto. Eu me detive muito na peça original, que já citei, *A Dança da Morte*. Na época em que comecei a pesquisar, há uns dois ou

Em Seria Cômico se não Fosse Sério

três anos, havia uma montagem na Inglaterra. Então fui ler em inglês e achei um drama muito de acordo com Strindberg, bem pesado. Nesse livro havia um prefácio que contava das várias montagens pelo mundo, inclusive a adaptação estrelada pela Fernanda Montenegro por volta de 1973. Então fui procurar uma tradução e não achei nada. Recorri ao (Instituto) Goethe e eles só tempos depois encontraram uma versão em espanhol na sede da Argentina. Mandaram-me e eu fui traduzindo aos poucos, até que alguém me disse que a SBAT (Sociedade Brasileira dos Autores de Teatro) devia ter o texto em português. E havia mesmo, justamente o usado pela montagem com a Fernanda. Mas quase não havia diferença da minha tradução e então eu fui atrás dos direitos autorais.

Assim que comprei, começou aquele processo chato de captar dinheiro. Com isso, a peça, que era para ser encenada em 2009, passou para o ano seguinte. Isso criou certos problemas. Eu e a produção tínhamos convidado o Márcio Aurélio para dirigir, que com a demora vinculou-se a outros projetos e não pôde assumir, assim como o elenco inicial, a Denise Del Vecchio, que tinha compromisso com a TV, e o Zécarlos Machado. Só que nesse meio tempo eu havia enviado o texto traduzido para algumas pessoas opinarem, entre eles o Reinecke. Como precisava àquela altura de um diretor prático, convidei-o e ele aceitou na hora, ficou empolgadíssimo. Confesso que fiquei um pouco ressabiado, mas eu sabia que ele era um diretor da prática, objetivo, e como eu estava consciente do texto, eu disse que ficaria responsável pela teoria e assim ficou acertado.

Para minha surpresa, ele foi muito eficiente na direção, especialmente na direção dos atores. E digo isso porque essa foi uma das peças mais difíceis para mim, no sentido de incorporar o personagem, pela exigência que o Reinecke estava impondo. Lembro-me que ainda na quinta apresentação eu estava em busca do personagem. Ele tem facetas inacreditáveis, é muito contemporâneo. Mas o que era bom é que havia uma troca constante entre ator e diretor. Se ele tinha uma determinada visão de uma frase e eu outra, nós discutíamos. O maior discurso do Alexandre Reinecke para nós era sempre *não procurem a comédia*. E isso vinha de um diretor essencialmente de comédias. E por que esse conselho? Porque era muito fácil querer levar o texto para o gênero cômico, e ele não é isso.

Eu tinha alguma noção de outras montagens. Assisti a uns trechos de uma versão na Hungria e cheguei a ver o espetáculo da Fernanda no Teatro Municipal de Santo André, ainda quando morava lá. A encenação fazia as vezes de um ringue de luta, com as luzes marcando a arena. E olha que engraçado: a Ana Lucia encontrou com a Fernanda antes de montarmos a peça e falou com ela sobre o projeto. E o que a Fernanda disse? Repetiu o conselho: *não faça comédia daquilo*. Acho que no fim tudo correu bem, fizemos um bom espetáculo. No início do projeto, eu não via a Ana Lúcia no personagem. Ela foi uma indicação do diretor e eu respeitei. Mas ela esteve ótima, assim como o Chirolli. Enfim, por vezes temos que entender e aceitar algumas imposições. Foi o caso de uma das escolhas mais absurdas do Reinecke, que em vez de um piano tocado pela personagem, escolheu pendurar um balanço no palco com um teclado disfarçado no banco. Sugeria então que a Ana Lúcia, enquanto se balançava, estava ao piano interpretando uma música, uma solução poética, ele dizia. Eu achava que não era possível isso, mas funcionou.

Capítulo XIX

Treinado para Trabalhar

No final das contas, minha empolgação pelo projeto (*Seria Cômico...*) foi recompensada e continuo a trabalhar, pensar novos projetos. Afinal é o que sei fazer, trabalhar. Desde que me entendo por gente. Nunca tive muito essa história de lazer, de *hobbies*. Na verdade, posso dizer que não sei me divertir. Mas isso não é uma reclamação melancólica, porque não faço questão mesmo. Quando eu era menino, meu irmão, com o pessoal do bairro, ia jogar futebol no domingo. E eu ia ensaiar uma peça. Sempre gostei de ler, ir ao cinema, essa é a minha diversão. Ir a uma mesa de bar ou restaurante bater papo com amigos, com colegas como o Juca de Oliveira, ou como acontecia com o Francarlo Reis, que infelizmente nos deixou no ano passado (2009). Eu, o Zé Armando, o Portella, nós estamos sempre nos encontrando, em contato. Nas minhas viagens de lazer, que são poucas, ou quando vou visitar meu filho, por exemplo, na Dinamarca, acabo sempre nos museus. Certa vez, o Portella insistiu para fazermos, com as respectivas famílias, uma viagem de navio. Eu achei aquilo um tééééedio!

Sabe aquela revista que convida os atores para ilhas e castelos? Pois o SBT me ligou dizendo que queriam que eu fosse. *Mas o que farei lá?*, perguntei. Nada, responderam. Então para que ir? E não fui. Tivemos casa na praia certa vez e vendemos. Não adianta, fui treinado para trabalhar. Sou do dia 20 de junho, gêmeos, e quem entende disso, pois eu não entendo, diz que é de uma pessoa com dupla personalidade, com o lado artístico preponderante. Então perfeito para um ator, não é?

Vejo agora essa veia de trabalho reconhecida e recompensada pela minha neta, filha da minha filha, que começa a fazer carreira no palco. Ela fez a peça do Domingos de Oliveira, *A História de Muitos Amores,* dirigida pelo Ednaldo Freire. É um orgulho só. Não porque algum dia tenha pensado em transmitir minha arte aos meus filhos, desejar que eles me seguissem. Pelo contrário. Nunca os pressionei para trabalhar na área. Quando eram crianças, eles iam aos ensaios e achavam tudo muito lúdico. Gostavam de ir ao teatro, ficar na coxia, e até faziam pequenas participações. Creio que foi muito boa para eles essa convivência. Nós tivemos, claro, alguns altos e baixos financeiros na nossa família, afinal isso faz parte da arte teatral no Brasil. Mas nunca lhes faltou nada. Tiveram a melhor escola, a melhor faculdade. Eles escolheram o próprio caminho e eu só sugeria algo quando achava que pudesse se encaixar naquilo que eles gostavam. Ao meu filho, por exemplo, como ele queria estudar arquitetura, sugeri algo ligado à cenografia. Mas ele achou sua vocação e deu certo, tanto que logo se fez no exterior. A minha filha tinha certo pendor para a coisa, mas era muito tímida, e eu não insisti. Agora tem a Isadora Petrin, minha neta, que já veio com nome de musa (a bailarina americana Isadora Duncan) e está bem encaminhada. No fim das contas, é alguém que dá continuidade ao meu trabalho e isso me alegra muito, me dá orgulho e vontade de continuar. É uma recompensa pelo esforço de tantos anos no teatro.

Cronologia

Teatro

2010

• ***Seria Cômico se Não Fosse Sério***
Autor: Friedrich Dürrenmatt
Direção: Alexandre Reinecke

2008

• ***Só os Doentes do Coração Deveriam Ser Atores***
Autor e direção: Eduardo Figueiredo

2007

• ***A Morte do Caixeiro Viajante***

Autor: Arthur Miller
Apresentação no programa *Palco Sonora* da Rádio Cultura

2006

• ***Volta ao Lar***
Autor: Harold Pinter
Direção: Alexandre Reinecke

2005

• ***Sangue na Barbearia***
Textos dos argentinos Grizelda Gambaro e Carlos Gorostiza adaptados pelo diretor
Direção: Darson Ribeiro

• ***Barrela***
Autor: Plínio Marcos
Direção: Roberto Bomtempo

2004
• ***Senhoras & Senhores***
Autor: Lionel Goldstein
Direção: Alexandre Reinecke

2003
• ***Um Merlin***
Autor: Luís Alberto de Abreu
Direção: Roberto Lage
Produção: Antonio Petrin

2000
• ***A Última Gravação de Krapp***
Autor: Samuel Beckett
Direção: Francisco Medeiros
Produção: Antonio Petrin

• ***Bonitinha, Mas Ordinária***
Autor: Nelson Rodrigues
Direção: Marco Antônio Braz

1999
• ***Barrela***
Autor: Plínio Marcos
Direção: Sérgio Ferrara

• ***Barca dos Mortos***
Autor: Harald Mueller
Direção: Rubens Rusche

1998
• ***Retraços de Mulher***
Recital de poesia com direção de Sérgio Ferrara

• ***Em Nome do Pai***
Autor: Alcione Araújo
Direção: Márcio Aurélio

• ***Me Suicido ou Não?***
Autor: Euclides Rocco Jr.
Direção: Antonio Petrin

1997
• ***Zé Amaro e Irineu***
Texto e direção: Márcio Araújo

• ***Pato com Laranja***
Autor: William Douglas Home
Direção: Antonio Petrin

1996
• ***Francisco***
Autor: Thiago Santiago
Direção: Márcio Aurélio

1994

• ***Para Tão Longo Amor***
Autor: Maria Adelaide Amaral
Direção: Roberto Lage
Produção: Antonio Petrin

• **Recital de Poesia**
Vários autores
Direção: Antonio Petrin

1993

• ***Viagem a Forli***
Texto e direção: Mauro Rasi

• ***Nosso Cinema***

Autor: Luís Alberto de Abreu
Direção: Antonio Petrin

1991

• ***História do Soldado***
Autor: C. F. Ramus e Igor Stravinsky
Direção: Ulysses Cruz

1989

• ***Sigilo Bancário***
Autor: João Bethencourt
Direção: José Renato

• ***A Última Gravação de Krapp***
Autor: Samuel Beckett
Direção: Iacov Hillel

• *O Estranho Casal*
Autor: Neil Simon
Direção: Antonio Petrin

• *A Mentira Nossa de Cada Dia*
Autor: Bill C. Davis
Direção: Stephan Yarian
Produção: Antonio Petrin

1987
• *Allegro Desbum*
Autor: Oduvaldo Vianna Filho
Direção: Silnei Siqueira

• *Pasolini – Morte e Vida*
Autor: Michel Azama
Direção: Stephan Yarian

1986
• *Balada de um Palhaço*
Autor: Plínio Marcos
Direção: Odavlas Petti

• *Morango com Chantilly*
Autor: Timochenco Wehbi
Direção: Antônio do Valle

1985
• *Cyrano de Bergerac*
Autor: Edmond Rostand
Direção: Flávio Rangel

1984

• ***Com a Pulga Atrás da Orelha***
Autor: George Feydeau
Direção: Gianni Ratto

• ***Álbum de Família***
Autor: Nelson Rodrigues
Direção: Antonio Petrin

• ***Os Sete Pecados Capitais*** (ópera)
Autor: Bertolt Brecht e Kurt Weill
Produção: Antonio Petrin

1983

• ***Amante S/A***
Autor: Dave Freeman e John Chapman
Direção: José Renato

• ***Ganhar ou Ganhar***
Autor: Donald L. Coburn
Direção: Celso Nunes
Produção: Antonio Petrin

1982

• ***Gemini***
Autor: Albert Innaurato
Direção: Emilio di Biasi
Produção: Antonio Petrin

1981

• ***Ossos d'Ofício***
Autor: Maria Adelaide Amaral
Direção: Silnei Siqueira

1980

• ***Patética***
Autor: João Ribeiro Chaves Neto
Direção: Celso Nunes

1979

• ***Rasga Coração***
Autor: Oduvaldo Vianna Filho
Direção: José Renato

1978

• ***Caixa de Sombras***
Autor: Michael Christofer
Direção: Emilio di Biasi

1977

• ***Mortos sem Sepultura***
Autor: Jean-Paul Sartre
Direção: Fernando Peixoto

• ***O Amor de Dom Perlimplin com Belisa em seu Jardim***
Autor: Federico García Lorca
Direção: Antonio Petrin

1976

• ***Ponto de Partida***
Autor: Gianfrancesco Guarnieri
Direção: Fernando Peixoto

• ***Mumu – A Vaca Metafísica***
Autor: Marcilio Moraes
Direção: Silnei Siqueira
Produção: Antonio Petrin

1975

• ***Equus***
Autor: Peter Shaffer
Direção: Celso Nunes

1974

• ***Coriolano***
Autor: William Shakespeare
Direção: Celso Nunes

• ***O Incidente no 113***
Autor: Nelly Vivas
Direção: Antonio Petrin

• ***Nem Tudo Está Azul no País Azul***
Autor: Gabriela Rabello
Direção: Antonio Petrin

1973

• ***Dr. Fausto da Silva***
Autor: Paulo Pontes
Direção: Flávio Rangel

1972

• ***O Homem de La Mancha***
Autor: Dale Wasserman
Direção: Flávio Rangel

• ***Antonica da Silva***
Autor: Coelho Neto
Direção: Roberto Vignatti

• ***Aleijadinho, Aqui, Agora***
Autor: Lafayete Galvão
Direção: Antônio Pedro

1971

• ***Mirandolina***
Autor: Carlo Goldoni
Direção: Emilio di Biasi

• ***A Guerra do Cansa Cavalo***
Autor: Osman Lins
Direção: Celso Nunes

1970

• ***O Barbeiro de Sevilha***
Autor: Beaumarchais
Direção: Dionisio Amadi

• ***Tom Paine***
Autor: Joe Foster
Direção: Ademar Guerra

• ***Pena que Ela Seja uma P...***
Autor: John Ford
Direção: Roberto Vignatti

• ***Cidade Assassinada***
Autor: Antônio Callado
Direção: Antonio Petrin

1969
• ***O Auto da Compadecida***
Autor: Ariano Suassuna
Direção: Luis Carlos Arutin

1969

• ***Que É que Nós Vamos Fazer Esta Noite***
Autor: Carlos Gorostiza
Direção: Luís Carlos Maciel

• ***O Noviço***
Autor: Martins Pena
Direção: Antonio Petrin

• ***Jorge Dandin***
Autor: Molière
Direção: Heleny Guariba

1967
Forma-se na Escola de Arte Dramática, a EAD, em São Paulo.

1964 a 1967

Diversos espetáculos de teatro amador, entre eles *Gente como a Gente* (1964), dirigido por Ademar Guerra, e no qual contracenou com a mulher Rosália Petrin

Televisão

2009

• ***Vende-se um Véu de Noiva***
SBT

2008

• ***Pantanal*** (reprise)
SBT

• ***Revelação***
SBT

• ***Alice***
HBO

2007

• ***Amazônia – de Galvez a Chico Mendes***
Globo

2005

• ***O Noviço*** (direção)
TV Cultura

2004

• ***Esmeralda***
SBT

• ***A Diarista***
Episódio *A Visita da Mãe*
Globo

2002
• *Esperança*
Globo

2001
• *O Direito de Nascer* (regravação realizada em 1997)
SBT

• *Um Anjo Caiu do Céu*
Globo

2000
• *Marcas da Paixão*
Record

2000, 1999, 1998, 1996 e 1993
• **Programa** ***Você Decide***
Globo

1999
• **Série** ***Chiquinha Gonzaga***
Globo

1998
• ***Xuxa*** **(especial de fim de ano)**
Globo

• *Corpo Dourado*
Globo

1996

• ***Dona Anja***
SBT

1995

• ***Tocaia Grande***
Manchete

1994

• ***Éramos Seis***
SBT

1993

• ***Agosto*** (minissérie)
Globo

• ***Guerra sem Fim***
Manchete

• ***Marajá***
Manchete

1992

• ***Amazônia***
Manchete

1991

• ***Ana Raio e Zé Trovão***
Manchete

1990

• ***Pantanal***
Manchete

1988

• ***Vida Nova***
Globo

• **Programa *Glória e Tarcísio***
Globo

1986

• ***A Volta do Filho Pródigo***
TV Cultura

• ***Procura-se um Papai Noel***
Globo

1985

• ***Uma Esperança no Ar***
SBT

1984

• ***Viver a Vida***
Manchete

• ***Vida Roubada***
SBT

• ***Anarquistas, Graças a Deus***
Globo

Novela Vida Nova: *Paulo José, Osmar Prado,Carlos Zara e Antonio Petrin*

Novela Vida Nova: *Osmar Prado e Antonio Petrin*

Novela Vida Nova: Paulo Jose e Antonio Petrin

1983
• *Anjo Maldito*
SBT

1982
• *Amor de Perdição*
Tupi

• *Renúncia*
Tupi

• *O Ninho da Serpente*
Bandeirantes

1981
• *Os Adolescentes*
Bandeirantes

1979
• *Malu Mulher*
Globo

• *Um Dia o Amor*
Tupi

1977
• *Antônio Conselheiro e a Guerra dos Pelados*
Globo

1976
• *Tcham! A Grande Sacada*
Tupi

• ***O Direito de Nascer***
Tupi

• ***Vila Sésamo***
Globo

1973
• ***Os Ossos do Barão***
Globo

1965
• **Série *22-2000 Cidade Aberta***
Globo

Participações em especiais e teleteatros na TV Cultura

Cinema

2009

• ***Matraga (A Hora e a Vez)***
Direção: Vinicius Coimbra

2008

• ***Plastic City***
(Brasil/China/Hong Kong)
Direção: Yu Lik-wai

• ***Se Nada Mais Der Certo***
Direção: José Eduardo Belmonte

• ***Quer Saber?***
Direção: Paulo de Tarso Disca

• ***O Homem Mau Dorme Bem***
Direção: Geraldo Moraes

• ***Corpo***
Direção: Rubens Rewald e Rossana Foglia

• ***O Último Chá***
Direção: David Kullock

• ***Bodas de Papel***
Direção: André Sturm

2007

• ***Um Homem Qualquer***
Direção: Caio Vecchio

Em Plastic City, *com atores chineses*

Em Plastic City, *com Alexandre Borges*

2006
• ***Veias e Vinhos – Uma História Brasileira***
Direção: João Batista de Andrade

2003
• ***As Alegres Comadres***
Direção: Leila Hipólito

2002
• ***Os Alvos que Queremos Virgens***
(curta-metragem, vídeo)
Direção: Diaulas Ullysses

• ***Sonhos Tropicais***
Direção: André Sturm

2000
• ***Através da Janela***
Direção: Tata Amaral

1999
• ***Caminho dos Sonhos***
Direção: Lucas Amberg

• ***Até que a Vida nos Separe***
Direção: José Zaragoza

1998
• ***Solução***
Direção: José Antonio Garcia

1996

• ***Quem Matou Pixote?***
Direção: José Joffily

1987

• ***Lua Nova***
Direção: Alain Fresnot

• ***O País dos Tenentes***
Direção: João Batista de Andrade

1986

• ***Estou com Aids***
Direção: David Cardoso

1985

• ***Os Bons Tempos Voltaram – Vamos Gozar Outra Vez***
Direção: John Herbert

• ***O Beijo da Mulher Aranha***
Direção: Hector Babenco

1981

• ***Eles Não Usam Black-Tie***
Direção: Leon Hirszman

1980

• ***Ato de Violência***
Direção: Eduardo Escorel

1977

• ***O Jogo da Vida***
Direção: Maurice Capovilla

• ***A Árvore dos Sexos***
Direção: Silvio de Abreu

Prêmios

2002

Prêmio de melhor ator no Vídeo Festival São Carlos pelo curta-metragem *Os Alvos que Queremos Virgens* (direção de Diaulas Ullysses)

1966

Prêmio de melhor diretor no V Festival de Teatro Amador do Estado de São Paulo, organizado pela Federação Andreense de Teatro Amador, pelo espetáculo *Os Fuzis da Senhora Carrar,* de Bertolt Brecht

1965

Prêmio de melhor diretor no IV Festival de Teatro Amador do Estado de São Paulo, organizado pela Federação Andreense de Teatro Amador, pelo espetáculo Toda Donzela Tem um Pai que É uma Fera, de Gláucio Gil.

Recebendo prêmio, com Gianfrancesco Guarnieri

Outras Atividades na Área Artística

1981
Funda com Sônia Guedes, José Armando Pereira da Silva e Walter Portella a Proa Produções Artísticas do ABC Ltda.

1977/1978
Ministra curso de teatro para professores na Fundação das Artes de São Caetano do Sul, sobre aplicação de técnica teatral no ensino. Montagem da peça *Eles Não Usam Black-Tie* com operários da região do ABC

1970
Professor na Faculdade Teresa D'Ávila

1969/1973
Professor de interpretação no curso de teatro da Fundação das Artes de São Caetano do Sul, com montagem das peças *O Elevador, A Falecida* e *Somos Todos do Jardim da Infância*

1969/1970
Orientação de adolescentes do Colégio I. L. Peretz na área de teatro voltada para o desenvolvimento da criatividade, com montagem dos espetáculos *Somos Todos do Jardim da Infância* e *Ponto de Partida*

1968/1969

Orientação de adolescentes do Serviço de Ensino Vocacional utilizando técnicas teatrais para integração à área

1968

Funda com Aníbal e Sônia Guedes o Grupo Teatro da Cidade (GTC), em Santo André

Índice

Crédito das Fotografias

acervo REF 121

João Caldas 148

As demais fotografias pertencem ao acervo de Antonio Petrin

A despeito dos esforços de pesquisa empreendidos pela Editora para identificar a autoria das fotos expostas nesta obra, parte delas não é de autoria conhecida de seus organizadores.
Agradecemos o envio ou comunicação de toda informação relativa à autoria e/ou a outros dados que porventura estejam incompletos, para que sejam devidamente creditados.

Coleção Aplauso

Série Cinema Brasil

Alain Fresnot – Um Cineasta sem Alma
Alain Fresnot

Agostinho Martins Pereira – Um Idealista
Máximo Barro

Alfredo Sternheim – Um Insólito Destino
Alfredo Sternheim

O Ano em Que Meus Pais Saíram de Férias
Roteiro de Cláudio Galperin, Bráulio Mantovani, Anna Muylaert e Cao Hamburger

Anselmo Duarte – O Homem da Palma de Ouro
Luiz Carlos Merten

Antonio Carlos da Fontoura – Espelho da Alma
Rodrigo Murat

Ary Fernandes – Sua Fascinante História
Antônio Leão da Silva Neto

O Bandido da Luz Vermelha
Roteiro de Rogério Sganzerla

Batismo de Sangue
Roteiro de Dani Patarra e Helvécio Ratton

Bens Confiscados
Roteiro comentado pelos seus autores Daniel Chaia e Carlos Reichenbach

Braz Chediak – Fragmentos de uma Vida
Sérgio Rodrigo Reis

Cabra-Cega
Roteiro de Di Moretti, comentado por Toni Venturi e Ricardo Kauffman

O Caçador de Diamantes
Roteiro de Vittorio Capellaro, comentado por Máximo Barro

Carlos Coimbra – Um Homem Raro
Luiz Carlos Merten

Carlos Reichenbach – O Cinema Como Razão de Viver
Marcelo Lyra

A Cartomante
Roteiro comentado por seu autor Wagner de Assis

Casa de Meninas
Romance original e roteiro de Inácio Araújo

O Caso dos Irmãos Naves
Roteiro de Jean-Claude Bernardet e Luis Sérgio Person

O Céu de Suely
Roteiro de Karim Aïnouz, Felipe Bragança e Maurício Zacharias

Chega de Saudade
Roteiro de Luiz Bolognesi

Cidade dos Homens
Roteiro de Elena Soárez

Como Fazer um Filme de Amor
Roteiro escrito e comentado por Luiz Moura e José Roberto Torero

O Contador de Histórias
Roteiro de Luiz Villaça, Mariana Veríssimo, Maurício Arruda e José Roberto Torero

Críticas de B.J. Duarte – Paixão, Polêmica e Generosidade
Luiz Antonio Souza Lima de Macedo

Críticas de Edmar Pereira – Razão e Sensibilidade
Org. Luiz Carlos Merten

Críticas de Jairo Ferreira – Críticas de invenção: Os Anos do São Paulo Shimbun
Org. Alessandro Gamo

Críticas de Luiz Geraldo de Miranda Leão – Analisando Cinema: Críticas de LG
Org. Aurora Miranda Leão

Críticas de Ruben Biáfora – A Coragem de Ser
Org. Carlos M. Motta e José Júlio Spiewak

De Passagem
Roteiro de Cláudio Yosida e Direção de Ricardo Elias

Desmundo
Roteiro de Alain Fresnot, Anna Muylaert e Sabina Anzuategui

Djalma Limongi Batista – Livre Pensador
Marcel Nadale

Dogma Feijoada: O Cinema Negro Brasileiro
Jeferson De

Dois Córregos
Roteiro de Carlos Reichenbach

A Dona da História
Roteiro de João Falcão, João Emanuel Carneiro e Daniel Filho

Os 12 Trabalhos
Roteiro de Cláudio Yosida e Ricardo Elias

Estômago
Roteiro de Lusa Silvestre, Marcos Jorge e Cláudia da Natividade

Feliz Natal
Roteiro de Selton Mello e Marcelo Vindicatto

Fernando Meirelles – Biografia Prematura
Maria do Rosário Caetano

Fim da Linha
Roteiro de Gustavo Steinberg e Guilherme Werneck; Storyboards de Fábio Moon e Gabriel Bá

Fome de Bola – Cinema e Futebol no Brasil
Luiz Zanin Oricchio

Francisco Ramalho Jr. – Éramos Apenas Paulistas
Celso Sabadin

Geraldo Moraes – O Cineasta do Interior
Klecius Henrique

Guilherme de Almeida Prado – Um Cineasta Cinéfilo
Luiz Zanin Oricchio

Helvécio Ratton – O Cinema Além das Montanhas
Pablo Villaça

O Homem que Virou Suco
Roteiro de João Batista de Andrade, organização de Ariane Abdallah e Newton Cannito

Ivan Cardoso – O Mestre do Terrir
Remier

João Batista de Andrade – Alguma Solidão e Muitas Histórias
Maria do Rosário Caetano

Jorge Bodanzky – O Homem com a Câmera
Carlos Alberto Mattos

José Antonio Garcia – Em Busca da Alma Feminina
Marcel Nadale

José Carlos Burle – Drama na Chanchada
Máximo Barro

Liberdade de Imprensa – O Cinema de Intervenção
Renata Fortes e João Batista de Andrade

Salve Geral
Roteiro de Sergio Rezende e Patrícia Andrade

O Signo da Cidade
Roteiro de Bruna Lombardi

Ugo Giorgetti – O Sonho Intacto
Rosane Pavam

Viva-Voz
Roteiro de Márcio Alemão

Vladimir Carvalho – Pedras na Lua e Pelejas no Planalto
Carlos Alberto Mattos

Vlado – 30 Anos Depois
Roteiro de João Batista de Andrade

Zuzu Angel
Roteiro de Marcos Bernstein e Sergio Rezende

Série Cinema

Bastidores – Um Outro Lado do Cinema
Elaine Guerini

Série Ciência & Tecnologia

Cinema Digital – Um Novo Começo?
Luiz Gonzaga Assis de Luca

A Hora do Cinema Digital – Democratização e Globalização do Audiovisual
Luiz Gonzaga Assis De Luca

Série Crônicas

Crônicas de Maria Lúcia Dahl – O Quebra-cabeças
Maria Lúcia Dahl

Série Dança

Rodrigo Pederneiras e o Grupo Corpo – Dança Universal
Sérgio Rodrigo Reis

Série Música

Maestro Diogo Pacheco – Um Maestro para Todos
Alfredo Sternheim

Rogério Duprat – Ecletismo Musical
Máximo Barro

Sérgio Ricardo – Canto Vadio
Eliana Pace

Wagner Tiso – Som, Imagem, Ação
Beatriz Coelho Silva

Série Teatro Brasil

Alcides Nogueira – Alma de Cetim
Tuna Dwek

Antenor Pimenta – Circo e Poesia
Danielle Pimenta

Cia de Teatro Os Satyros – Um Palco Visceral
Alberto Guzik

Críticas de Clóvis Garcia – A Crítica Como Ofício
Org. Carmelinda Guimarães

Críticas de Maria Lucia Candeias – Duas Tábuas e Uma Paixão
Org. José Simões de Almeida Júnior

Federico Garcia Lorca – Pequeno Poema Infinito
Antonio Gilberto e José Mauro Brant

Ilo Krugli – Poesia Rasgada
Ieda de Abreu

João Bethencourt – O Locatário da Comédia
Rodrigo Murat

José Renato – Energia Eterna
Hersch Basbaum

Leilah Assumpção – A Consciência da Mulher
Eliana Pace

Luís Alberto de Abreu – Até a Última Sílaba
Adélia Nicolete

Maurice Vaneau – Artista Múltiplo
Leila Corrêa

Renata Palottini – Cumprimenta e Pede Passagem
Rita Ribeiro Guimarães

Teatro Brasileiro de Comédia – Eu Vivi o TBC
Nydia Licia

O Teatro de Abílio Pereira de Almeida
Abílio Pereira de Almeida

O Teatro de Aimar Labaki
Aimar Labaki

O Teatro de Alberto Guzik
Alberto Guzik

O Teatro de Antonio Rocco
Antonio Rocco

O Teatro de Cordel de Chico de Assis
Chico de Assis

O Teatro de Emílio Boechat
Emílio Boechat

O Teatro de Germano Pereira – Reescrevendo Clássicos
Germano Pereira

O Teatro de José Saffioti Filho
José Saffioti Filho

O Teatro de Alcides Nogueira – Trilogia: Ópera Joyce – Gertrude Stein, Alice Toklas & Pablo Picasso – Pólvora e Poesia
Alcides Nogueira

O Teatro de Ivam Cabral – Quatro textos para um teatro veloz: Faz de Conta que tem Sol lá Fora – Os Cantos de Maldoror – De Profundis – A Herança do Teatro
Ivam Cabral

O Teatro de Noemi Marinho: Fulaninha e Dona Coisa, Homeless, Cor de Chá, Plantonista Vilma
Noemi Marinho

Teatro de Revista em São Paulo – De Pernas para o Ar
Neyde Veneziano

O Teatro de Samir Yazbek: A Entrevista – O Fingidor – A Terra Prometida
Samir Yazbek

O Teatro de Sérgio Roveri
Sérgio Roveri

Teresa Aguiar e o Grupo Rotunda – Quatro Décadas em Cena
Ariane Porto

Série Perfil

Analy Alvarez – De Corpo e Alma
Nicolau Radamés Creti

Aracy Balabanian – Nunca Fui Anjo
Tania Carvalho

Arllete Montenegro – Fé, Amor e Emoção
Alfredo Sternheim

Ary Fontoura – Entre Rios e Janeiros
Rogério Menezes

Berta Zemel – A Alma das Pedras
Rodrigo Antunes Corrêa

Bete Mendes – O Cão e a Rosa
Rogério Menezes

Betty Faria – Rebelde por Natureza
Tania Carvalho

Carla Camurati – Luz Natural
Carlos Alberto Mattos

Cecil Thiré – Mestre do seu Ofício
Tania Carvalho

Celso Nunes – Sem Amarras
Eliana Rocha

Cleyde Yaconis – Dama Discreta
Vilmar Ledesma

David Cardoso – Persistência e Paixão
Alfredo Sternheim

Débora Duarte – Filha da Televisão
Laura Malin

Denise Del Vecchio – Memórias da Lua
Tuna Dwek

Elisabeth Hartmann – A Sarah dos Pampas
Reinaldo Braga

Emiliano Queiroz – Na Sobremesa da Vida
Maria Leticia

Emilio Di Biasi – O Tempo e a Vida de um Aprendiz
Erika Riedel

Etty Fraser – Virada Pra Lua
Vilmar Ledesma

Ewerton de Castro – Minha Vida na Arte: Memória e Poética
Reni Cardoso

Fernanda Montenegro – A Defesa do Mistério
Neusa Barbosa

Fernando Peixoto – Em Cena Aberta
Marília Balbi

Geórgia Gomide – Uma Atriz Brasileira
Eliana Pace

Gianfrancesco Guarnieri – Um Grito Solto no Ar
Sérgio Roveri

Glauco Mirko Laurelli – Um Artesão do Cinema
Maria Angela de Jesus

Ilka Soares – A Bela da Tela
Wagner de Assis

Irene Ravache – Caçadora de Emoções
Tania Carvalho

Irene Stefania – Arte e Psicoterapia
Germano Pereira

Isabel Ribeiro – Iluminada
Luis Sergio Lima e Silva

Isolda Cresta – Zozô Vulcão
Luis Sérgio Lima e Silva

Joana Fomm – Momento de Decisão
Vilmar Ledesma

John Herbert – Um Gentleman no Palco e na Vida
Neusa Barbosa

Jonas Bloch – O Ofício de uma Paixão
Nilu Lebert

Jorge Loredo – O Perigote do Brasil
Cláudio Fragata

José Dumont – Do Cordel às Telas
Klecius Henrique

Leonardo Villar – Garra e Paixão
Nydia Licia

Lília Cabral – Descobrindo Lília Cabral
Analu Ribeiro

Lolita Rodrigues – De Carne e Osso
Eliana Castro

Louise Cardoso – A Mulher do Barbosa
Vilmar Ledesma

Marcos Caruso – Um Obstinado
Eliana Rocha

Maria Adelaide Amaral – A Emoção Libertária
Tuna Dwek

Marisa Prado – A Estrela, O Mistério
Luiz Carlos Lisboa

Mauro Mendonça – Em Busca da Perfeição
Renato Sérgio

Miriam Mehler – Sensibilidade e Paixão
Vilmar Ledesma

Naum Alves de Souza: Imagem, Cena, Palavra
Alberto Guzik

Nicette Bruno e Paulo Goulart – Tudo em Família
Elaine Guerrini

Nívea Maria – Uma Atriz Real
Mauro Alencar e Eliana Pace

Niza de Castro Tank – Niza, Apesar das Outras
Sara Lopes

Paulo Betti – Na Carreira de um Sonhador
Teté Ribeiro

Paulo José – Memórias Substantivas
Tania Carvalho

Paulo Hesse – A Vida Fez de Mim um Livro e Eu Não Sei Ler
Eliana Pace

Pedro Paulo Rangel – O Samba e o Fado
Tania Carvalho

Regina Braga – Talento é um Aprendizado
Marta Góes

Reginaldo Faria – O Solo de Um Inquieto
Wagner de Assis

Renata Fronzi – Chorar de Rir
Wagner de Assis

Renato Borghi – Borghi em Revista
Élcio Nogueira Seixas

Renato Consorte – Contestador por Índole
Eliana Pace

Rolando Boldrin – Palco Brasil
Ieda de Abreu

Rosamaria Murtinho – Simples Magia
Tania Carvalho

Rubens de Falco – Um Internacional Ator Brasileiro
Nydia Licia

Ruth de Souza – Estrela Negra
Maria Ângela de Jesus

Sérgio Hingst – Um Ator de Cinema
Máximo Barro

Walter George Durst – Doce Guerreiro
Nilu Lebert

Zezé Motta – Muito Prazer
Rodrigo Murat

Especial

Agildo Ribeiro – O Capitão do Riso
Wagner de Assis

Av. Paulista, 900 – a História da TV Gazeta
Elmo Francfort

Beatriz Segall – Além das Aparências
Nilu Lebert

Carlos Zara – Paixão em Quatro Atos
Tania Carvalho

Célia Helena – Uma Atriz Visceral
Nydia Licia

Charles Möeller e Claudio Botelho – Os Reis dos Musicais
Tania Carvalho

Cinema da Boca – Dicionário de Diretores
Alfredo Sternheim

Dina Sfat – Retratos de uma Guerreira
Antonio Gilberto

Eva Todor – O Teatro de Minha Vida
Maria Angela de Jesus

Eva Wilma – Arte e Vida
Edla van Steen

Gloria in Excelsior – Ascensão, Apogeu e Queda do Maior Sucesso da Televisão Brasileira
Álvaro Moya

Lembranças de Hollywood
Dulce Damasceno de Britto, organizado por Alfredo Sternheim

Maria Della Costa – Seu Teatro, Sua Vida
Warde Marx

Mazzaropi – Uma Antologia de Risos
Paulo Duarte

Ney Latorraca – Uma Celebração
Tania Carvalho

Odorico Paraguaçu: O Bem-amado de Dias Gomes – História de um Personagem Larapista e Maquiavelento
José Dias

Raul Cortez – Sem Medo de se Expor
Nydia Licia

Rede Manchete – Aconteceu, Virou História
Elmo Francfort

Sérgio Cardoso – Imagens de Sua Arte
Nydia Licia

Tônia Carrero – Movida pela Paixão
Tania Carvalho

TV Tupi – Uma Linda História de Amor
Vida Alves

Victor Berbara – O Homem das Mil Faces
Tania Carvalho

Walmor Chagas – Ensaio Aberto para Um Homem Indignado
Djalma Limongi Batista

Dados Internacionais de Catalogação na Publicação
Biblioteca da Imprensa Oficial do Estado de São Paulo

Margarido, Orlando
Antonio Petrin: ser ator / Orlando Margarido – São Paulo: Imprensa Oficial do Estado de São Paulo, 2010.
212p. il. – (Coleção Aplauso. Série perfil / Coordenador geral Rubens Ewald Filho).

ISBN 978-85-7060-938-0

1. Atores e atrizes de teatro – Biografia 2. Atores e atrizes de televisão – Biografia 3. Atores e atrizes de cinema – Biografia 4. Petrin, Antonio, 1938. I. Ewald Filho, Rubens II. Título. III. Série.

CDD 791.092

Índices para catálogo sistemático:
1. Atores brasileiros : Biografia : Representações públicas : Artes 791.092

Foi feito o depósito legal
Lei nº 10.994, de 14/12/2004

Impresso no Brasil / 2010

Imprensa Oficial do Estado de São Paulo
Rua da Mooca, 1921 Mooca
03103-902 São Paulo SP
www.imprensaoficial.com.br/livraria
livros@imprensaoficial.com.br
SAC 0800 01234 01
sac@imprensaoficial.com.br

Coleção Aplauso Série Perfil

Coordenador Geral	Rubens Ewald Filho
Coordenador Operacional e Pesquisa Iconográfica	Marcelo Pestana
Projeto Gráfico	Carlos Cirne
Editor Assistente	Claudio Erlichman
Assistente	Charles Bandeira
Editoração	Aline Navarro
	Sandra Regina Brazão
Tratamento de Imagens	José Carlos da Silva
Revisão	Roseane Maria Lacerda Barreiros

Formato: 12 x 18 cm

Tipologia: Frutiger

Papel miolo: Offset LD 90 g/m²

Papel capa: Triplex 250 g/m²

Número de páginas: 212

Editoração, CTP, impressão e acabamento:
Imprensa Oficial do Estado de São Paulo

Nesta edição, respeitou-se o novo
Acordo Ortográfico da Língua Portuguesa

imprensaoficial